Helmut Martin
„Als die Post noch Zeit hatte"

„Als die Post noch Zeit hatte"

Helmut Martin

Grobbel

5. Auflage

Copyright © 1993 Helmut Martin, 58762 Altena, Waldbergsley 11
Verlag: Grobbel Druck und Verlag, 57392 Schmallenberg-Bad Fredeburg, Wehrscheid 22

Titelbild erstellt: Atelier Alois Sturm, Altena-Dahle
Karikaturen gezeichnet: Dagmar Schmitt, Ergste

Hergestellt in der Grobbel Druck GmbH & Co. Medien KG, 57392 Schmallenberg-Bad Fredeburg
ISBN-Nr. 3-930271-03-6

Anekdoten eines preußisch-sauerländischen Landbriefträgers

Burg Altena

Altena

Dahle

Evingsen

Inhaltsverzeichnis

Vorwort

Als ich vor wenigen Jahren aus dem aktiven Dienst bei der Deutschen Bundespost ausschied, war in mir immer noch das Bewußtsein tief verwurzelt, stets ein preußisch-sauerländischer Landbriefträger niederschlesischer Herkunft gewesen zu sein. Daran hat sich bis heute nichts geändert.

Ich bin glücklich, dieses herrliche Land mit seinen Bergen, Tälern, Tropfsteinhöhlen und Seen und vor allem seinen Menschen kennen- und liebengelernt zu haben: Das Märkische Sauerland.

Meine Lehrjahre verbrachte ich in unmittelbarer Nähe der historischen Burg Altena, dem ehemaligen Sitz der Grafen von der Mark und dem Ort der ersten Jugendherberge der Welt.

Meine Lehrherren waren altgediente Vorgesetzte, denen preußische Dienstauffassung, wie strenge Ordnung und pünktliche Pflichterfüllung, noch tief in den Knochen steckte. An Fleiß und Pflichterfüllung war ich im Elternhause gewöhnt worden, aber ich habe auch das Geschenk der Muße, die Geduld zum Verweilen und die Gabe des Humors mit auf den Lebensweg bekommen. Darüber bin ich sehr froh und dankbar. Hier und da wird davon etwas in den Geschichten deutlich, die ich wahrheitsgetreu niedergeschrieben habe, wie ich sie erlebte. Als ich mich entschloß, meine Erlebnisse als Landbriefträger schriftlich festzuhalten, erkannte ich mehr und mehr, daß es lauter einmalige Geschehnisse waren, Episoden aus einer längst vergangenen, unwiederbringlichen Zeit.

Vieles hat sich seitdem grundlegend geändert: Die politischen und wirtschaftlichen, die gesellschaftlichen wie die privaten, die familiären wie die beruflichen Verhältnisse. Obgleich ich nicht mehr Briefträger bin, bedaure ich manche dieser Entwicklungen, die die Menschen untereinander entfremdet haben. Dafür einige Beispiele: 1. Immer mehr Briefkästen an Grundstückseinfahrten, Häusern und Wohnungen verhindern geradezu jeglichen Kontakt des Postboten mit den Hausbewohnern. 2. Die persönliche Begegnung des Geldboten mit den Postkunden ist längst durch den bargeldlosen Zahlungsverkehr zunichte gemacht worden. 3. Die Zustellbezirke – vor allem im ländlichen Raum – sind so sehr erweitert worden, daß einem Briefzusteller kaum noch Zeit bleibt, während der tarifrechtlich festgelegten Arbeitszeit den Kunden eine dienstliche Auskunft zu erteilen, geschweige denn ein persönliches Gespräch mit ihnen zu führen. 4. Die Zustellbezirke in ländlicher Gegend werden heute überwiegend mit Kraftfahrzeugen abgefahren.

Diese Modernisierung bedeutet zwar eine gewisse Entlastung des Briefträgers, läßt aber für den Zusteller nicht einmal den geringsten Genuß eines geistigen Getränkes zu, wie es früher üblich war. Das ist doch sehr bedauerlich! Vom menschlichen Standpunkt betrachtet, vermag ich in den an höherer Effektivität orientierten Regelungen keinerlei Fortschritt, sondern nur einen erheblichen Rückschritt zu erkennen.

Nicht nur die Begegnung mit den Menschen selbst, auch die mit den treuen, vierbeinigen Begleitern vieler Menschen, den Hunden, gehört, bis auf wenige Ausnahmen, für die Postboten der Vergangenheit an. Darum sind die Briefzusteller der Gegenwart um viele Erfahrungen ärmer als die der früheren Zeiten.

Zwar trug ich zur Abwehr von bissigen Hunden nach Dienstvorschrift auch immer die Sprühdose bei mir, habe sie aber so gut wie nie benutzt, denn ich hielt mich an den Grundsatz: Behandle einen Hund immer menschlich! Der leider viel zu früh verstorbene, großartige Humorist Heinz Erhardt hätte sicherlich gesagt: „So ein Hund ist schließlich auch nur ein Mensch!"

Zum Schluß noch ein paar Worte zum Sauerland. Es konnte einem Postboten in früheren Jahren schon "sauer" werden, täglich bergauf und bergab laufen zu müssen. Ich aber habe dieses Land lieben gelernt – meine zweite Heimat. Es ist ein "Eldorado" für Wanderer, Naturfreunde und Erholungsuchende. Nur der Niederschlagsdurchschnitt im Jahr liegt hier und da ein wenig zu hoch. Sagt man doch oft hinter vorgehaltener Hand, es sei des lieben Herrgotts "Pinkelpöttchen".

Dem Sauerländer selbst wird zu Unrecht nachgesagt, er sei verschlossen und stur, und man müsse mit ihm erst einen ganzen Sack Salz gegessen haben, ehe man mit ihm vertraut werde. Ich kann das Gegenteil bezeugen. Wo auch immer ich dem verschlossensten, knorrigen Menschen aus altem Bauerngeschlecht begegnete, gewann ich ihn stets sehr schnell durch Freundlichkeit und Humor. Ich wußte: Wie man in den Wald hineinruft, so schallt es heraus. Und das Echo war meistens deutlich – klar und gut.

Nun wünsche ich allen Lesern meiner Erlebnisse aus längst vergangenen Tagen viel Freude beim Lesen und weiterhin eine gute Zeit. *Ihr Helmut Martin*

Irgendwelche Ähnlichkeiten mit noch lebenden Personen sind rein zufällig.

Das Dorfpostamt

Ein jeder Postler kommt in den Dienstraum
und wünscht seinen Kollegen
einen guten Morgen,
und sogleich fangen an die dienstlichen Sorgen.
Doch zuvor noch schnell das Privatleben
der letzten 12 Stunden,
denn diese hat noch lange nicht jeder
reibungslos überwunden.

Der eine hatte schlecht geschlafen,
denn seine Kinder waren am Schreien.
Das kann ja passieren, wenn die Wohnung
ist zu klein!
Der andere war auf einer Feier und hatte
gehörig einen geschluckt,
am Morgen jedoch bleich und unwohl
aus der Wäsche geguckt.

Wieder ein anderer war noch abends zum
"Poussieren", und weich waren seine Knie:
„Heut 'ne schwere Zustelltasche,
das schaffe ich nie!"
Der nächste war im Kino und meinte:
„Ach, was zeigten die da ein Graus,
und trotzdem: Fürs teure Geld
war es viel zu früh aus!"

Ein anderer Kollege sitzt
ganz trübsinnig da,
denn ihm fehlt vom Vortag
etwas Postgeld in bar.
Und ab und zu hört man auch
einen Postler schreien:

„Es ist alles Mist,
ich weiß gar nicht, warum man noch
bei der Bundespost ist!"

Doch gerade diese Leutchen
bleiben meistens sehr lange,
denn sie genießen die frische Luft
und die Dienstkleidung von der Stange.
Doch jetzt an die Arbeit! Der Boß ist da
und auch schon die Landpost,
man sieht sie – fürwahr!

Von nun an läuft die Zeit
unaufhaltsam weiter,
draußen klopfen schon die ersten Kunden,
und dann wird's heiter.
Inzwischen gehen die Zusteller
der Reihe nach raus,
denn ihr Weg ist oft sehr weit,
welcher da führt von Haus zu Haus.

Der erste Kunde am Schalter sagt: „Ach, können
Sie mir mal diese Zahlkarte ausfüllen?"
Eine andere Frau ruft ungeduldig: „Machen Sie
voran, ich muß noch zum "Stillen"!"
Der nächste ist ein Grieche
und hält fünf Sorten
Medikamente in der Hand,
er meint nur:
„Du schicken Griechenland!"

Und hat der Schalterbeamte gerade das
erste Butterbrot in der Hand,
dann kommt schon wieder einer angerannt.
„Ach, verzeihen Sie, wissen Sie wohl
die Telefonnummer von "Dr. Lind"?
Ich glaube, meine Frau bekommt ein Kind!"

Dann tritt ein Philatelist an den Schalter,
mit 100 Sonderwünschen – "Mein Gott Walter!".
Auch gibt es Leute,
die kommen täglich zur Post,
man hat da den Eindruck,
dies gehört zu ihrer täglichen Kost.
An Briefmarken kaufen sie
sich bloß eine,
kommen aber den nächsten Tag wieder,
denn sie haben ja noch gesunde Beine!

Dann kommt ein Schornsteinfeger – noch voller Ruß,
wieder ein Zwischenrufer:
„Bitte etwas schneller! Ich muß noch zum Bus!"
Ein anderer kommt sogar mit seinem Hund.
Dieser hebt ganz sachte ein Bein,
und abends hört man dann
die Putzfrau schrei'n:
„Ach, was war denn hier wieder für ein Schwein!"

Und macht der Schalterbeamte
des Abends sein Kläppchen zu,
dann hat auch er verdient
seine feierabendliche Ruh.
Ach, was hat der es gut: So denkt oft
die "breite Masse".
In Wirklichkeit macht er jetzt erst Kasse.
Wenn diese dann stimmt, atmet er auf,
und läuft zu seinen Lieben im Dauerlauf.

Helmut Martin

Der zweite Hund

Zu meiner dreijährigen Ausbildung als Postjungbote Ende der 40er Jahre gehörte auch ein Ausbildungsabschnitt am Paket- und Päckchenschalter sowie an der Zu- und Rückschriftstelle für Paketzusteller. Der Paketannahmeschalter unseres Hauptpostamtes mit seiner breiten Theke war ab Bauchhöhe nach oben hin völlig offen. So waren Dienstraum und Schalterhalle für uns Postbedienstete wie auch für die Kunden gut überschaubar.

An jenem Tage, als sich die folgende Begebenheit zutrug, war mein Ausbilder ein gewisser Herr Vedder.

Er war Postbetriebswart, also ein Beamter des einfachen Dienstes.

Ich stand gerade an der Waage und nahm fleißig Pakete und Päckchen an, während Herr Vedder sich anderweitig in meiner Nähe betätigte, als eine ältere Dame mit ihrem Hündchen, einem niedlichen, dünnbeinigen Zwergpinscher, die geräumige Schalterhalle betrat. Weil schon einige Kunden vor ihr warteten, stellte sie sich geduldig in der Reihe hinten an.

Schon als kleiner Junge hatte ich mir die Fähigkeit angeeignet, Tierlaute täuschend ähnlich nachzuahmen. Daran erinnerte ich mich beim Anblick des kleinen Vierbeiners und beschloß, mich mit ihm ein wenig in der Tiersprache zu unterhalten. Sogleich fing ich an, wie ein junger Hund zu winseln und zu knurren. Hin und wieder schlug ich auch mal kurz an.

Dies tat ich aber nur dann, wenn ich mich von der Kundschaft abwandte, um angenommene Sendungen zu dem bereitstehenden Wagen zu bringen.

Als ich diese Hundelaute in kurzen Abständen mehrmals wiederholte, hatte ich bald erreicht, was ich erreichen wollte. Der kleine Pinscher – von Natur aus schon nervös – wurde zunehmend unruhiger, spitzte seine kleinen Ohren und drehte dabei seinen Kopf abwechselnd nach allen Seiten. Zwischendurch schaute er immer wieder zu seinem Frauchen auf, als suche er Hilfe. Schließlich waren seine Hundenerven so sehr gereizt, daß er mit ohrenbetäubend gellendem Gekläff versuchte, seinem unsichtbaren Kontrahenten zu antworten.

Durch den Widerhall in der großen Schalterhalle hörte sich das keifende Gebell jedoch weitaus schlimmer an, als es in Wirklichkeit war.

Der älteren Dame wurde die Sache peinlich, und sie versuchte, ihren Hund "Möhrchen" – wie sie ihn nannte – zu beruhigen. Ohne jeden Erfolg! Der Hund, völlig verunsichert und überreizt, setzte sein wütendes Gekläff unentwegt fort, und ich bellte dazwischen.

Als das Spektakel nicht enden wollte, wurde selbst unser Stellenvorsteher, Inspektor Severin, nervös, denn er hatte alles durch die offenstehende Tür seines Dienstzimmers in unmittelbarer Nähe der Schalteranlage mit angehört.

Inspektor Severin humpelte. Er hatte im Krieg ein Bein verloren und trug eine Holzprothese, deren Gelenke arg quietschten. Darum hörte man ihn schon von weitem näherkommen, bevor man ihn sah. Gerade vernahm ich das Quietschen der Prothese, als er auch schon im Schalterraum stand und heftig anfing, mit der Besitzerin des Hundes zu schimpfen: „Das geht nun doch zu weit, gnädige Frau, hier einen solchen Lärm zu veranstalten. Wenn das jeder tun würde, seinen Hund in staatliche, öffentliche Gebäude mitbrächte und die Bediensteten in Angst und Schrecken versetzte! Sie hätten Ihren Hund besser erziehen sollen!"

Lediglich, als er das winzige Hündchen entdeckte, wurde der Inspektor still und ließ die sehr verängstigte und eingeschüchterte ältere Dame zu Wort kommen.

Noch unter dem Eindruck der Anschuldigungen meines Vorgesetzten stehend, meinte die alte Frau zaghaft und mit zittriger Stimme: „Aber, Herr Inspektor, ich will Ihnen doch nur sagen, das Verhalten von "Möhrchen" kommt mir selber sehr merkwürdig vor! Obwohl ich ihn doch immer in alle Geschäfte mitnehme, hat er mir noch nie solchen Ärger bereitet!"

Ziemlich zum Schluß fügte sie noch sehr überzeugt hinzu: „Das kann mein Hundchen auch nur gemacht haben, weil hier noch ein zweiter Hund sein muß. Und den habe ich auch ganz deutlich gehört!"

Da ich inzwischen das Winseln, Knurren und Bellen eingestellt hatte, wurde der kleine Krachmacher zunehmend ruhiger und war schließlich ganz still.

Herr Severin jedoch verließ kopfschüttelnd den Schalterraum und stampfte wieder in sein Dienstzimmer zurück. Offensichtlich war er immer noch ziemlich zornig. Das merkte ich am Zuschlagen seiner Zimmertür!

Zufällig kannte Herr Severin mein Talent als Imitator, und nicht von ungefähr fiel sein Verdacht, das ganze Spektakel verursacht zu haben, natürlich auf mich. Kaum hatte die Frau mit ihrem Hund den Schalterraum verlassen, öffnete sich seine Tür,

19

und er gab mir in energischem Ton zu verstehen, ich habe in dienstlicher Sache unverzüglich vor ihm zu erscheinen. „Au weh!" dachte ich, „das wird schön hart!" Als ich schuldbewußt vor ihm stand, entlud sich über mir ein Donnerwetter von gewaltigem Ausmaß.

Daß Severin Offizier im Zweiten Weltkrieg gewesen war, wurde nun durch seine Stimmlage, den barschen Kommandoton und den Gebrauch verschiedener Kraftausdrücke überdeutlich hörbar.

Ich als "Stift" hatte in dieser Situation nur die eine Wahl, ruhig zu sein und die Sache gelassen durchzustehen.

Von allen "kommißüblichen Sätzen" habe ich mir nur den letzten gemerkt, als er wörtlich zu mir sagte: „Martin, machst Du das noch einmal, ich trete Dich in den Arsch!" Im nachhinein habe ich mich gefragt: Wenn es wirklich dazu gekommen wäre, mit welchem Fuß hätte er dann wohl zugetreten?

Der strickende Edwin

Das Sprichwort "Kleider machen Leute" hat sicherlich immer schon seine Gültigkeit gehabt.

So galt es auch für uns Postjungboten.

In meinem ersten Lehrjahr hatte ich beim Tragen der neuen Postuniform das erhabene Gefühl, schon jemand zu sein, den man besonders zu respektieren habe.

Ja, ich war sogar so sehr in die Uniform vernarrt, daß ich sie am liebsten noch des Nachts statt Schlafanzug angezogen hätte.

Dieser Uniformdrang ließ aber schon im 2. Lehrjahr erheblich nach. Im 3. Lehrjahr schließlich trug ich – wie viele Postlehrlinge – außerhalb der Dienstzeit nur noch Zivilkleidung.

So auch an jenem Tage, als wir Postjungboten vom Postamt Altena wieder mal nach Hagen in die dortige Berufsschule mußten.

Spät nachmittags befanden wir uns im Abteil der Bundesbahn und traten die Heimreise an.

Wir waren drei Stifte aus dem dritten Lehrjahr und "Klein Edwin" aus dem ersten.

Edwin natürlich noch stolz in Uniform und wir drei anderen in Zivil.

Nicht nur nach dem Klang seiner sehr hellen, mädchenhaften Stimme konnte man bei Edwin durchaus meinen, daß eine "Postjungbotin" neben einem säße.

Auch das nun folgende Geschehen erweckte bei uns den Eindruck, daß seinem Wesen etwas Weibliches anhaftete:

Als wir drei älteren uns angeregt unterhielten, griff unser Edwin in seine Aktentasche und zog behutsam ein komplettes Strickzeug mit schon aufgeschlagenen Maschen heraus.

Ohne unser verblüfftes Staunen zur Kenntnis zu nehmen, lehnte Edwin sich bequem in seine Ecke und setzte seine Nadeln in Aktion. Der Anblick des strickenden Edwin verschlug uns völlig die Sprache.

Eine Frau mittleren Alters, die uns schräg gegenüber saß, konnte sich ein Grinsen nicht verkneifen.

Nun wurde es mir doch zu dumm. Unverzüglich erteilte ich ihm den Befehl, das so mädchenhaft wirkende Strickzeug sofort verschwinden zu lassen.

„In Staatsuniform öffentlich stricken, das hat uns gerade noch gefehlt", fügte ich hinzu.

Gut, daß nicht zufällig ein Reporter mit Kamera in der Nähe war! Da aber mein direkter Befehl auf keinen fruchtbaren Boden fiel, sahen wir uns gemeinsam zu einer härteren Gangart gezwungen.

Wir packten ihn samt seinen Strickutensilien, schleppten ihn nach vorne in Richtung Ein- und Ausstieg und sperrten ihn dort in das öffentliche WC ein.

Während dieses Aktes der Freiheitsberaubung gaben wir Edwin noch forsch und unmißverständlich zu verstehen, daß er da drinnen bleiben müsse, bis wir den Heimatbahnhof erreicht hätten, und er solle es ja nicht wagen, die von ihm selbst von innen verriegelte Tür wieder zu öffnen und herauszukommen!

Ein ständig wechselnder Wachposten vor der WC-Tür war unsere letzte Androhung.

Bei allem Respekt, er hielt sich strikt an unsere Androhung, denn er wußte zu genau, daß er sonst auf dem Fußweg nach Hause mit üblen Repressalien zu rechnen hatte!

Eine Zeitlang schien alles gut zu verlaufen. Reisende, die ihre Notdurft verrichten wollten, kamen zwar immer vor ein verschlossenes WC, meinten aber verständnisvoll, daß sie eben Pech hätten, denn es sei schon wieder besetzt.

Als dieselben Personen nach kurzer Zeit zurückkamen und noch immer der gleiche Zustand herrschte, klopften sie heftig an die Tür und riefen: „Hallo, ist da einer, oder was ist los?"

Edwin aber hüllte sich in tiefes Schweigen. Nach einer gewissen Zeit erschien die Sache einem älteren Herrn doch sehr dubios. Als der Zug gerade in einem Bahnhof hielt, eilte er zum Fahrdienstleiter, erzählte ihm von der verschlossenen Toilette und gab zu bedenken, es könnte ja auch ein Ohnmächtiger oder gar ein Selbstmörder darin liegen.

Sofort kam der "Diensthabende" herangeeilt und öffnete das WC mit seinem Spezialschlüssel.

Da ich zu dieser Zeit gerade "Wachdienst" hatte, stellte ich mich sofort daneben, um Edwin mit stechendem Blick zu verstehen zu geben, daß es für ihn besser wäre, diese heikle Sache allein durchzustehen.

Dem Fahrdienstleiter verschlug es zunächst die Sprache.

22

23

Mit großen Augen betrachtete er "Klein Edwin", wie dieser in Uniform – voll angezogen natürlich – auf runtergeklapptem Klodeckel saß und fleißig strickte.

Der Eisenbahner merkte auf Anhieb, daß es sich bei Edwin noch um einen "Stift" handelte.

Darum schrie er ihn an: „Ja, bist Du denn ganz von Gott verlassen? Du kannst doch hier drinnen nicht stricken und ständig das öffentliche WC blockieren!"

In diesem Augenblick wuchs "Klein Edwin" über sich selbst hinaus, raffte sich mutig zusammen, legte sein Strickzeug in die Tasche und erwiderte dem Fahrdienstleiter: „Haben Sie in Ihrem Leben noch niemals Durchfall gehabt?"

Darauf brüllte nun der Eisenbahner bedeutend wütender: „Erzähl mir doch keinen Blödsinn! Bei Durchfall sitzt man ja wohl mit runtergelassener Hose auf der offenen Brille und nicht auf dem Deckel!"

Nun konterte zum letzten Male "Klein Edwin": „Ich habe ja keinen normalen Durchfall, sondern einen sehr heftigen, welcher abrupt in kurzen Abständen immer wiederkehrt, und da lohnt es sich zeitmäßig wirklich nicht, immer das WC zu verlassen!"

Jetzt platzte dem Fahrdienstleiter doch der Kragen.

Er packte, sichtlich zornig, den unschuldigen Edwin am Schlawickel und zerrte ihn heraus.

Dabei gab er Edwin deutlich zu verstehen, wenn er so etwas noch einmal wagen würde, werde er seine Personalien feststellen und Meldung machen.

Dann ließ er von ihm ab.

Letztlich muß es wohl der Respekt vor der Dienstuniform gewesen sein, der den Bahnbeamten davon abhielt, einen noch so jungen Postler seiner übergeordneten Dienststelle zu melden.

Er verschwand daraufhin auch ziemlich schnell, brummte noch etwas Unverständliches in seinen Bart und zog kopfschüttelnd ab ins nächste Abteil.

"Klein Edwin" fuhr zwar weiterhin immer noch "stolz wie Oskar" in Uniform zur Berufsschule, mit seiner Strickkunst jedoch hat er uns von diesem Tage an verschont.

Die dienstliche Ohrfeige

Aus meiner Lehrlingszeit, die ich am Hauptpostamt in Altena in Westfalen verbrachte, ist mir ein besonders eindrückliches Erlebnis bis heute in lebendiger Erinnerung geblieben.

An jenem Nachmittag versah ich meinen Ausbildungsdienst als zweiter Mann am Schalter für Paketausgabe und Rückschriften der Paketzusteller.

Inspektor Severin saß in seinem Stellenvorsteherstübchen, und Kollege Vedder war an der Paketannahmewaage beschäftigt. Es war schon spät am Nachmittag und nach meiner Uhr höchste Zeit, die bis dahin angenommenen Pakete und Päckchenbeutel nach draußen zur Verladerampe zu bringen.

Von dem Bahnhofsfahrer jedoch war weit und breit nichts zu sehen!

Das Postauto, ein alter Wagen der Marke "Granit", stand einsam und verlassen am anderen Ende des Posthofes.

Da aber die Zeit des Verladens und der Abfahrt immer näherrückte, begab ich mich mal hinaus in Richtung Auto. Mir kam nämlich der Gedanke, der Fahrer könnte ja eventuell drüben im besagten Auto sein, um ein kleines Nickerchen zu machen.

Aber vergebens, kein Mensch war drin!

Doch was sah ich denn da? –

Der Zündschlüssel steckte noch von der letzten Fahrt im Zündschloß!

Und das war laut Dienstvorschrift strengstens untersagt!

Just in diesem Moment hatte ich eine – wie mir schien – gute Idee, welche sich aber später als eine sehr schlechte und folgenschwere erwies.

Ich dachte mir nämlich: „Sollte es wohl möglich sein, daß ich als Laie dieses alte Gefährt in Bewegung bringen könnte?" Diensteifrig, wie ich es immer sein wollte, setzte ich mich kurz entschlossen ans Steuer und startete den Wagen, obwohl ich vom Autofahren kaum Ahnung und keine Erfahrung hatte.

Wo die einzelnen Gänge so in etwa lagen, das hatte ich mir bei gelegentlichen Mitfahrten gemerkt.

Ich zündete also den Motor, legte den Rückwärtsgang ein, drehte die Scheibe herunter, damit ich nach hinten besser sehen konnte, und ab ging die Post!

Es lief zunächst alles wie geplant.

Der Wagen stand auch schon maßgerecht an der Verladerampe, als ich, wie es viele erfahrene Autofahrer tun, vor dem Abschalten des Motors noch mal "lässig" auf das Gaspedal trat.

Bei Profis hört sich das immer "gekonnt" an, nur bei mir leider nicht!

Hatte ich doch im Übereifer vergessen, vor dem Loslassen der Kupplung in den Leerlauf zu schalten.

Der Motor heulte auf, der Wagen bockte wie ein alter Esel, der nach hinten ausschlägt und dabei sein Hinterteil in die Luft wirft, und blieb mit ohrenbetäubendem Krachen auf der Laderampe hängen.

Entsetzt sprang ich aus dem Auto und sah das ganze Ausmaß des angerichteten Schadens.

Das Hinterteil der Ladefläche saß auf der Rampe fest. Beide Hinterräder hingen in der Luft. Eine der hinteren Türen war ganz abgerissen, die andere hing, nur noch an einem Scharnier baumelnd, in der Luft. Bei diesem Anblick verspürte ich ein seltsames Gefühl in der Magengegend.

Von nun an überschlugen sich die weiteren Ereignisse in Sekundenschnelle.

Das eigentümlich stampfende Geräusch der Holzprothese von Inspektor Severin mit dem zusätzlichen, monotonen Quietschton wurde immer vernehmlicher und endete urplötzlich in dem Augenblick, als ich mir eine gewaltige Ohrfeige einheimste.

Einziger Zeuge dieser schmerzhaften Ohrfeige wurde Kollege Vedder, der durch den explosionsartigen Knall auch sofort zur Stelle war.

Mit erhobenem Finger meinte Vedder zum Stellenvorsteher Severin gewandt: „Das hätten Sie aber nicht machen dürfen, dem Helmut so eine runterhauen!"

Das war zu viel für Inspektor Severin!

Aufgeregt durch den Unfall und noch zusätzlich gereizt durch die "Zurechtweisung eines Untergebenen", drohten ihm nun sämtliche nach außen sichtbaren, dick angeschwollenen Kopfadern zu platzen. Empört warf er sich in die Brust, und nach alter Offiziersmanier brüllte er los: „Halten Sie sich da raus! Das geht Sie hier gar nichts an! Das war nämlich eine "dienstliche Ohrfeige"!"

War doch dieser leidige Unfall zu allem Übel auch noch für Severin mit viel Arbeit verbunden.

Er mußte nämlich für seinen Arbeitsbereich eine Unfallmeldung schreiben und dem Amtsvorsteher schriftlich Meldung machen. Einen Tag später hatte ich schon oben

in der "Höhle des Löwen" zu erscheinen! Hier gab mir der Chef unmißverständlich zu verstehen, daß er, trotz meines gutgemeinten Diensteifers, mein Fehlverhalten mit Schadensfolge leider mit einer Geldbuße bestrafen müsse. Da ich als "Stift" in den 3 Lehrjahren gestaffelt 25, 35 und 45 DM monatlich bekam, war solch eine Bestrafung schon hart.

Der Amtsvorsteher räumte mir jedoch ein, die zu zahlende Summe in mehreren kleinen Monatsraten abzustottern.

Mir war so eine Geldstrafe immer noch lieber als ein Disziplinarverfahren, welches natürlich der Oberpostdirektion zu Ohren gekommen wäre und dann für immer und alle Zeiten in meinen Personalakten gestanden hätte.

Zu meinem großen Glück war aber die ganze Angelegenheit nach Zahlung der ersten Rate für mich erledigt.

Die Amtsleitung gab mir zu verstehen, daß ich wegen gezeigter Reue und guter Führung unter die Amnestie falle und die Zahlung der Restsumme niedergeschlagen würde.

Zur Auflage wurde mir lediglich gemacht, daß ich den beiden Postkraftfahrzeugschlossern, welche den Schaden bei uns in eigener Werkstatt behoben hatten, jedem wenigstens eine Flasche Bier und eine Schachtel Zigaretten auszugeben hätte.

Ich aber war glücklich über den Ausgang des Geschehens, denn in allem gesehen, war ich doch noch einmal glimpflich davongekommen.

An meine verunglückte Probefahrt mit dem Postauto und die nachfolgende "dienstliche Ohrfeige" denke ich heute noch manchmal mit Schmunzeln zurück.

Nur – ob dieser Unfallschock damit zusammenhängt, daß ich später nie einen Führerschein gemacht habe, das war und blieb für mich allzeit ein Rätsel ohne Lösung!

Das Bad in der Waschküche

„Tage gibt es, da wäre man besser im Bett geblieben", sagte mir manchmal ein Kollege, wenn ihm wieder einmal alles danebenging.

So war es auch an jenem verregneten Samstag, als ich, der Landbriefträger, von Altena aus über die Berge zog. Schon als ich morgens aus dem Amt ging, war es stark am Schütten.

Auch anschließend, während ich unterwegs war, bekam "Petrus" die Sache nicht so recht in den Griff. Selbst ein kurzes Unterstellen unter Bäumen und Scheunen nützte nichts. Ich wurde durch und durch naß und begann zu frösteln.

In dieser Situation kam mir eine recht ungewöhnliche Idee, deren Ausführung zwar gegen die Dienstvorschriften verstieß, mir aber sehr vorteilhaft erschien.

Als ich das nächste Bauerngehöft erreichte, betrat ich den Hofraum von der hinteren Seite her.

Ich hatte Glück! Mein Vorhaben konnte gelingen, denn die Stalltür stand offen. Schleunigst huschte ich – von niemandem bemerkt – hinein, um dann über die Deele (Mittelgang) durch die Wasch- und Viehküche in den Flur und von dort in die Wohnung zu gelangen.

Alles klappte wie geplant, und ich hatte das wohlige Gefühl, wenigstens für ein paar Sekunden trocken zu sein.

Diese "neue Masche" sollte mir aber gleich am Anfang zum Verhängnis werden.

Die Deele hatte ich bereits durchschritten, die Tür zur Wasch- und Viehküche geöffnet und leise hinter mir geschlossen.

Raschen Schrittes durchquerte ich den Raum und hielt schon die Klinke der gegenüberliegenden Tür zum Flur in der Hand, als ich einen durchdringend schrillen Schrei vernahm.

Erschrocken fuhr ich zusammen, drehte mich um und sah in schummrigem Licht eine gänzlich nackte Frau im hölzernen Waschbottich stehen.

Überrascht und völlig verstört, versuchte sie in Ermangelung eines Badetuches mit gekreuzten Armen ihren Busen zu bedecken.

„Franziska"! schoß es mir durch den Kopf. Das war ja Franziska, die 45jährige, ledige Tochter des Bauern Haarmann.

Nach kurzer, stotternder Entschuldigung sauste ich sofort in Richtung Küche, warf die Post auf den Küchentisch und verschwand mit einer Geschwindigkeit, als wäre der "Leibhaftige" persönlich hinter mir.

Noch lange mußte ich an diesem Tage und dem darauffolgenden Sonntag an diesen Zwischenfall denken.

Als ich dann am Montag wieder über Land zog, hatte ich zwar großes Glück mit dem Wetter, aber desto weniger Freundlichkeiten vom Bauern Haarmann zu erwarten. Was ich nicht ahnte: Dort hingen nicht nur Regenwolken, sondern viel wildere Gesellen, wie Blitz, Donner und Hagel, drohten, sich über meinem Haupte zu entladen.

Als ich freundlich grüßend eintrat und Briefpost und Zeitungen auf den Tisch legen wollte, sprang, wie von einer Tarantel gestochen, der alte Haarmann, der bis dahin friedlich in einem alten und abgewetzten Sessel gesessen hatte, auf und legte los: „Wie kommen Sie eigentlich darauf, mit ihren Postsendungen neuerdings durch den Stall zu gehen und das noch an einem Samstag, an dem doch überall Badezeit angesagt ist? Sie haben meiner Tochter einen derartigen Schrecken eingejagt, daß sie immer noch unter dem Schock leidet. Und außerdem bringen Sie mir noch die Tollwut ins Haus oder schleppen mir mit Ihren schmutzigen Schuhen die Maul- und Klauenseuche in meinen Stall.
In Zukunft ist dieser Weg für Sie verboten!"

So wetterte er noch eine Zeitlang weiter. Als Bauer Haarmann mich endlich auch mal zu Worte kommen ließ, erwiderte ich: „Sie glauben ja gar nicht, wie erst mir dieser Schrecken noch in den Knochen sitzt!"
Diesen Versuch einer Rechtfertigung meinerseits konnte das alte Bäuerlein aber ganz und gar nicht verstehen, denn er meinte, halb belustigt grinsend, daß solch ein Erlebnis für einen jungen Mann doch wohl ein wesentlich schönerer Schrecken sei.

Da mir das Bild der Bauerntochter Franziska noch lange Zeit vor meinen Augen schwebte, kam mir ein sonderbarer Gedanke: Warum wohl, so dachte ich, versuchen die Frauen in solchen dramatischen Situationen grundsätzlich in Bruchteilen von Sekunden immer nur ihre Körbchen mit gekreuzten Armen zu schützen, während unten das dunkle und krause "Warndreieck" in diesem Moment doch viel gefährlicher lebt?

31

Ein Doppelgrau und Anmachholz

Auf Dorfpostämtern war es früher üblich, daß immer ein Briefträger in den Nachmittagsstunden neben dem diensthabenden Amtsstellenleiter Dienst am Paketannahmeschalter zu verrichten hatte.

So war es auch an jenem Nachmittag, an dem laut Dienstplan meine Wenigkeit gefragt war.

Damals war es noch die Regel, daß Eilsendungen und Telegramme grundsätzlich von uns Postboten zu Fuß zugestellt wurden. An diesem Nachmittag rechnete ich noch mit einigen Glückwunschtelegrammen, denn mir war zu Ohren gekommen, daß im Dorf eine Silberhochzeit war.

Wir Briefträger wußten genau, daß der Überbringer von Glückwunschtelegrammen zu solch festlichem Anlaß entweder mit einem Trinkgeld oder gar mit Umtrunk und leckeren Speisen bedacht wurde.

Daher war jeder von uns "Briefträgern der ersten Stunde" kurz nach dem Zweiten Weltkrieg darauf aus, an solchen Tagen die Telegrammzustellung übernehmen zu können, zumal zu Hause allenthalben "Schmalhans" noch Küchenmeister war.

Mein heimlicher Wunsch ging an diesem Nachmittag voll in Erfüllung.

Nur wußte ich zu diesem Zeitpunkt noch nicht, was mein "persönlicher Schutzengel" an jenem Abend und in der Nacht schon für mich vorgesehen hatte.

Zum Dienstschluß übergab mir der Amtsstellenleiter die eingetroffenen Glückwunschtelegramme, und nach 15 Minuten Fußmarsch war ich schon an dem reichlich mit Blumen und Girlanden geschmückten Hause angekommen.

Ich schellte. Die Haustür öffnete sich, und ich wurde sogleich zu einem Begrüßungstrunk hineingerufen.

Hineingerufen sicherlich auch deshalb, weil das Jubelpaar zu den Kunden im Zustellbezirk gehörte, zu denen ich einen besonders engen und humorvollen Kontakt pflegte.

Besonders der Jubelbräutigam drängte mich förmlich, Dienstmütze und Jacke abzulegen und bat mich an den schon für das Abendessen gedeckten Tisch.

Von diesem Augenblick an schlug das für mich vermeintliche "Heil" in "Unheil" um. Doch das wurde mir erst bewußt, als ich nach geraumer Zeit mal auf die Uhr schaute. Es war kurz vor Mitternacht.

Urplötzlich fielen mir alle meine Sünden ein. In meinen Ohren klangen noch die mahnenden Worte meiner lieben Frau, die mir nachgerufen hatte, als ich am Nachmittag

in Richtung Postamt zog: „Denk ja daran, wir brauchen noch ein Doppelgraubrot, und Du mußt auch noch Anmachholz hacken!"

Ach du lieber Gott! Saß ich in der Falle! Die Geschäfte hatten schon lange geschlossen, und ans Holzhacken war schon gar nicht mehr zu denken.

Mein abrupter Stimmungswandel mußte den Gästen aufgefallen sein, denn einige erkundigten sich sofort nach dem Grund meiner Niedergeschlagenheit.

Als ich ihnen meine Sorgen und Nöte mitteilte, meinten die meisten: „Heute wird gefeiert, und wir wollen lieber noch einen heben, denn solche Probleme lösen sich meist ganz von alleine!"

Solche liebevollen Worte trösteten mich sehr, und ich beschloß zu bleiben.

Bei Pils und Korn und dann wieder Korn und Pils und den lustigen "Dönekes" (Anekdoten), die am Tisch unablässig die Runde machten, war aller Kummer schnell vergessen.

Wann ich zu früher Stunde meinen Heimweg angetreten habe, weiß ich bis heute nicht. Erst als mein Wecker laut und erbarmungslos klingelte und es bei mir allmählich zu "dämmern" begann, schwante mir Schlimmes.

Halbwegs ernüchtert, fürchtete ich, spätestens beim Frühstück würde ein großes Donnerwetter meiner "Angetrauten" über mich, den pflichtvergessenen Ehemann, hereinbrechen. "Sie" stand schon in der Küche, um das Frühstück herzurichten.

Was ich jedoch wenig später zu hören bekam, gerade als ich meine Füße in die Pantoffeln steckte, ließ mich verwundert aufhorchen. Ein schier unaufhörliches, lautes Gelächter meiner Frau drang aus dem Wohnzimmer an meine Ohren.

Ich glaubte schon an eine Halluzination, doch ihr Lachen klang herzlich und echt. Während ich mich trotz schweren Kopfes ganz sachte ins Wohnzimmer vortastete, stand meine "frühere Verlobte" immer noch laut lachend da und zeigte mit der Hand auf den Tisch. Nun kam ich erst recht aus dem Staunen nicht mehr heraus.

Ich traute meinen Augen nicht. Was lag denn da auf dem Wohnzimmertisch?

Ein doppelgebackenes Graubrot und ein Bündel Anmachholz!

Auch ich wollte bei diesem Anblick laut loslachen, aber das monotone Klopfen und Hämmern der kleinen Teufelchen in der oberen Zentrale ließ es leider nicht zu.

Fazit: – Es muß eben doch auf diesem Feste ein Bier oder auch Körnchen nicht mehr ganz in Ordnung gewesen sein!

Als mir später Leute aus dem Dorfe, die auch auf der Silberhochzeit gewesen waren, erzählten, daß ich Brüderschaft mit ihnen getrunken habe, woran ich mich aber nicht im geringsten erinnern konnte, wurde mir erst das richtige Ausmaß meiner Teilnahme an diesem Jubelfest bewußt.

P.S. – Das Brot und das Anmachholz hatte man übrigens, nach Zeugenaussagen, schon während der Feier besorgt und vor meinem Heimmarsch sorgfältig an mir befestigt, damit ich auch ja nichts verlieren konnte.

Batavia – der Heimleiter

In dem landschaftlich reizvollen oberen Stephanopeler-Tal des mittleren Sauerlandes befindet sich ein christliches Erholungsheim. Es gehörte zu den entferntesten Häusern meines Landzustellbezirkes.

Herrlich ruhig liegt das Heim direkt am Waldrand, und ein klarer Gebirgsbach, der bis heute sein silberklares Aussehen behalten hat, fließt leise plätschernd zu Tal. Hier wohnte zu meiner Landjägerzeit ”Batavia” mit Gattin und Tochter und leitete das Erholungsheim.

Wie er zu dem Spitznamen ”Batavia” kam, hatte eine besondere Bewandtnis.

In damaliger Zeit war der Landbriefträger gewissermaßen das ”laufende Postamt”. Darum hatte ich nicht nur Briefsendungen, Päckchen und Pakete sowie Zahlungsanweisungen und Zeitungen zu überbringen, sondern ich mußte solche auch unterwegs annehmen.

Gelegentlich kam es vor, daß einer meiner Kunden auch mal einen privaten Wunsch hatte, und das war hinsichtlich der großen Entfernung zur Stadt oder zum nächsten Dorf sehr verständlich.

So hatte ich als Landzusteller täglich Sachen in der Tasche, deren kostenloser Transport mit meinen eigentlichen Dienstpflichten gar nicht in Einklang zu bringen war: Rasierklingen, Arzneien, Lottoschein, Zigaretten, Tabak und andere wichtige Kleinigkeiten des alltäglichen Gebrauchs. Die Sonderwünsche jenes Heimleiters waren auch nicht anders.

Dienstlich mußte ich ihn oft mit Briefmarken versorgen, die er mengenweise für das Erholungsheim bei mir kaufte. Privat bat er mich häufig, ihm doch ein Päckchen Tabak mitzubringen, aber nur die Marke ”Batavia”!

Und Pfeifentabak mußte es sein!

Es dauerte nicht lange, und ich nannte ihn nur noch ”Batavia”.

Weil ich bei Batavia meistens gegen Mittag ankam, machte ich dort regelmäßig die mir zustehende Mittagspause nach dem Motto: Wo 50 Leutchen satt werden, da werden auch 51 satt!

Zählte ich doch als gefälliger Postbote mit zur großen Familie der Erholungsuchenden.

Batavias Familie mußte wohl aus den damaligen deutschen Ostgebieten gekommen sein, denn besonders bei ihm machte sich in Sprache und Ausdrucksweise ein "östlicher" Akzent bemerkbar. Von Statur war er ein Bär von Mann. Sein Alter schätzte ich auf etwa 55 Jahre. Zu seiner Größe und Stärke hatte er auch die passenden Hände, groß wie Bratpfannen. Hinter seiner breitrandigen Hornbrille verbargen sich unter krausen und buschigen Augenbrauen große, dunkle Augen, welche einen, wenn er sie mal besonders weit aufriß, in Angst und Schrecken versetzen konnten.

Aber der äußere Eindruck täuschte. Wie ich immer wieder feststellen konnte, war er ein Mann mit einer harten Schale und einem weichen Kern.

Sein angetrautes Weib hingegen war so um die 48 – 50, von zierlicher Gestalt und kleiner als ihr Gebieter, ein umgängliches und liebenswürdiges Frauchen. Seltsamerweise hatte Batavia nicht nur Respekt, sondern sogar ein wenig Angst vor ihr.

Obgleich einen Kopf kleiner, war sie neben ihm, dem gutmütigen Riesen, die zielstrebig bestimmende Frau im Hause.

Mit anderen Worten: Das Sagen hatte "Sie"!

Wenn sich beide mal in der Küche "rein dienstlich" in die Haare kriegten, geschah dies meist nur wegen geringfügiger Kleinigkeiten, wie zum Beispiel beim Würzen und Abschmecken der Speisen.

Kam es zu keiner Einigung, so wurde mit der Ausgabe des Essens eben gewartet, bis ich mit der Post kam.

Sehr oft mußte ich in solcher Situation den Schiedsrichter spielen und das nach Batavias Meinung noch mangelnde oder fehlende Gewürz nennen.

Es war mir schon manchmal peinlich, aber für ein kostenfreies Essen mußte ich eben diese Prozedur durchstehen. War ich mit der Zeit etwas im Verzuge, so mußten eben die Gäste noch ein bißchen warten, bis ich meinen neutralen Spruch gefällt hatte.

Dabei störte es Batavia und mich nicht, wenn aus dem Speisesaal auch schon mal Geräusche zu hören waren, die einen an das Trommeln mit dem Löffel auf einem leeren Teller erinnerten.

Batavia war besonders in zwei Gewürze verliebt: Essig und Pfeffer.

Damit er aber nach meinem Schiedsspruch möglichst oft als Sieger dastehen konnte, traf er einmal eine geheime Absprache mit mir. Wir machten aus, daß er mich während meines Abschmeckens fragen würde, welches Gewürz wohl fehlte?

Beim Aufzählen der einzelnen Gewürze würde er dann bei dem seiner Meinung nach fehlenden Gewürz mit einem Auge zwinkern.

Das klappte schon beim ersten Mal vorzüglich. Batavia zwinkerte genau in dem Augenblick, als er das Gewürz "Pfeffer" aufzählte. Ich reagierte prompt, wandte mich

ab, schaute nachdenklich zur Decke hinauf und meinte: „Ja, so ein bißchen Pfeffer könnte wirklich nicht schaden!"
Das war Wasser auf seine Mühle.
Batavia war außer sich vor Freude, denn meine Bestätigung war für ihn eine große Genugtuung.
Seine Augen wurden groß und glänzten vor Freude, und er sagte sogleich in deutlich ostdeutschem Akzent: „Siehst Du, Frauchen, hab ich doch gesagt ganzen Morgen, muß noch ein bißchen Pfeffer rein, aber nein und nochmals nein! Mußte erst Martin kommen und beim Abschmecken Dir sagen, was fehlt!"

Solche "Kostproben" wiederholten sich im Laufe der Zeit, und sein Frauchen hatte gegen uns selten eine Chance. War unsere Taktik wieder einmal mit Erfolg gekrönt, gab er vor lauter Freude für mich und sich selbst je eine Flasche Bier aus.
Dies wiederum sah seine "Holde" nicht so gerne. Schon gar nicht, wenn es manchmal noch zu einer zweiten Flasche kam.
Nicht etwa des Geldes wegen erwies sich seine Frau als Gegnerin des Bieres, sondern wegen der "kleinen Teufelchen", die nach ihrer Meinung in dem "altchristlichen Getränk klösterlicher Braukunst" steckten. –
Welch ein Widerspruch!
Batavia trank gerne ein Fläschchen Bier, besonders nach gut gewürztem Mittagessen. Hatte ich jedoch einen gewissen Wohlstand in meiner Geldbörse zu verzeichnen, so gab ich natürlich auch einmal eine Runde aus. Merkte er jedoch, daß ich "nicht viel auf der Juppe" hatte, meinte Batavia schon während des Essens: „Na, Martin, was macht der Durst?"
Das war für mich das Zeichen, daß auch er sehr durstig war, aber ich sollte die Runde erst einmal "schmeißen". Verließ ich dann das Heim, so begleitete er mich hinaus und steckte mir draußen schnell und unauffällig mein ausgegebenes Geld in die Jackentasche zurück.
"Wie ähnlich und eng verbunden das Postgeheimnis eines Postboten mit den Geheimnissen eines Kochs doch sein können!–?"

Urlaub mit Hindernissen

Die Zeit ging ins Land, und die Schulferien standen vor der Tür. "Batavia" wollte in diesem Jahr auch einmal mit seiner Familie in Urlaub fahren.

Tochter Petra, ein 10-jähriges Mädchen, freute sich schon lange darauf.

Die ersten Ferientage verstrichen, und das Heim war zur rechten Zeit leer geworden. Aber die Batavias machten keine Anstalten, ihre Urlaubsreise anzutreten.

Stattdessen schlichen sie allesamt mit langen Gesichtern und freudlosen Mienen einher, und ihre Laune schien sich täglich zu verschlechtern.

Als ich nach dem Grund dieser Misere fragte, erzählten mir die Eltern, daß sie bei allen Urlaubsvorbereitungen nicht an Petras kleines Stallkaninchen namens "Bommy" und dessen Versorgung während des Urlaubs gedacht hätten.

Als ich das hörte, war ich zunächst sehr betroffen, entschloß mich aber sogleich, den Mümmelmann während der Abwesenheit der Familie zu versorgen.

Ich ließ mir "Bommy" in einen Karton setzen, hängte ihn an meinen Spazierstock und zog in Richtung Dahle davon.

Dort angekommen, steckte ich den Kostgänger bei meinem Schwiegervater in eine leerstehende Kaninchenbox, und erledigt war das zunächst unüberwindbar scheinende Problem.

Am Tage, nachdem Batavia wieder mit seinen Lieben aus dem Urlaub zurückgekommen war, ging ich meinen 24 km langen Fußmarsch über Land in umgekehrter Richtung und konnte den kleinen Stallhasen schon morgens früh wieder abliefern.

Mein Botengang in umgekehrter Richtung hatte an diesem Tage jedoch einen wesentlichen Nachteil: Zur Mittagszeit mußte ich meinen Hosengürtel erheblich enger schnallen, und mein Magen knurrte wie nie zuvor.

Auf die übliche Mahlzeit an Batavias Tisch und das Bier mußte ich schon verzichten. Doch es fiel mir nicht schwer! Das gute Verhältnis zwischen den Batavias und mir wurde von der Zeit an noch herzlicher.

Die "hohe Kunst des Würzens" jedoch blieb das große Geheimnis zwischen Batavia und mir. "Nie" hat einer von uns darüber gesprochen!

Der Weihnachtsbaum

Spätherbst war's, und die herrlich buntgefärbten Blätter fielen langsam hernieder. Auch die Nächte brachten dann und wann schon leichte Fröste und kündigten den bevorstehenden Winter an.

Nun galt es auch für mich, den Landbriefträger, warme und wetterfeste Kleidung anzuziehen.

Da mein täglicher Fußmarsch in diesem Bezirk 24 km betrug, bot sich ein fester Spazierstock als ständiger Begleiter geradezu an, zumal dieser auch einen gewissen Schutz gegen besonders bösartige Hunde oder gar tollwütiges Wild darstellte.

Selbst gegen wildgewordene Rinder konnte ich ihn vortrefflich benutzen, wenn ich mal eine Abkürzung durch eine Viehweide nahm und diese Viecher plötzlich mit hocherhobenem Schwanz auf mich zu galoppierten.

Daß aber ein Spazierstock noch für völlig andere Sachen von Nutzen sein kann, werden Sie gleich erfahren.

Die kälter werdende Jahreszeit wurde auch für Liebespaare in freier Natur allmählich problematischer.

Das ist sicherlich gut zu verstehen!

Glücklich konnten sich darum die wenigen schätzen, die schon damals – Anfang der 50er Jahre – Besitzer einer fahrbaren "Liebeslaube" waren.

Von solchen motorisierten Liebespaaren und ihren "Hinterlassenschaften" handelt die folgende Geschichte:

Unsere Dorfstraße führt gleich hinter der Ortschaft durch ein kurzes Stück Wald, und gerade an dieser Stelle befand sich ein kleiner, kaum noch waldwirtschaftlich genutzter Weg, der nach ca. 200 Metern mitten im Dickicht endete.

Zur linken Seite stand hoher Mischwald mit Eichen und Buchen und zur rechten Fichten in Zimmerhöhe.

Ein ideales Plätzchen für verliebte Leute mit einem "fahrbaren Untersatz"!

An diesem alten Waldweg vorbei ging auch meine "Route", die mich bergwärts zu meinem ersten Waldbauern führte.

Nun kann man sich unschwer vorstellen, daß gerade ich als Landpostbote in Sachen "Liebe in freier Natur" hier in besagter "Pariser Allee" – so nannte ich fortan diese Stelle – eine genaue Statistik der einzelnen Schäferstündchen hätte aufstellen können, da zahlreiche "Verhüterli" immer wieder beweiskräftig den "Tatort" kennzeichneten.

"Verhüterli" hin – "Verhüterli" her! Die auf dem Waldboden herumliegenden "Objekte" schienen mir dort nicht am rechten Platz.
Eines Tages begann ich darum, einer augenblicklichen Laune folgend, sie mit meinem langen Spazierstock aufzuspießen, um sie wenige Meter entfernt an einer Fichte aufzuhängen.
In der Folgezeit setzte ich die Säuberung des Waldbodens in regelmäßigen Abständen fort und machte so den "Tatort" für Nichteingeweihte unkenntlich.

Es dauerte nun nicht mehr lange, da fiel der erste Schnee und Mutter Natur zog ihr weißes Kleid an.
Natürlich bedeutete das noch lange nicht, daß ein gänzliches Verschwinden der "fahrbaren Liebeslauben" in dieser Gegend zu verzeichnen gewesen wäre.
Aber es wurde merklich ruhiger in der "Pariser Allee", denn der Schnee gewann allmählich an Höhe.

Die Zeit verging nun wie im Fluge, und eh ich mich versah, waren es nur noch 14 Tage bis zum Weihnachtsfest.
An einem dieser kalten Wintertage hatte ich Nachmittagsinnendienst im Dorfpostamt. Zu meinen Aufgaben gehörte auch das Leeren der Briefkästen. So machte ich mich kurz vor Einbruch der Dunkelheit mit der großen, roten Segeltuchtasche auf den Weg durchs Dorf, um die abgehende Briefpost einzusammeln. Mein Rundgang führte mich am "Konsum" vorbei. Immer, wenn ich dort vorbeikam, verspürte ich heftigen "Kohldampf"! Das war auch diesmal nicht anders.
Kurzentschlossen betrat ich den kleinen Laden, grüßte und verlangte ein großes Stück Fleischwurst.
Eine sehr nette, mir gut bekannte, jungverheiratete Verkäuferin namens Köster bediente mich.
Wie es im Dorfe so üblich ist, fing sie gleich mit mir ein Schwätzchen an. „Naaa", begann sie, indem sie das Wort ungewöhnlich lang zog, „Herr Martin, für Sie kann es ja nun Weihnachten werden!"

Selten hat mich die Anrede einer jungen Frau so überrascht und verwirrt, denn ich konnte mit dieser Äußerung rein gar nichts anfangen.

Ich war in meinen Gedanken so befangen, daß ich nur an die arbeitsreiche Zeit vor Weihnachten dachte, und die stand noch bevor.

Ich muß sie wohl sehr verdutzt angeschaut haben, und weil ich nicht antwortete, fuhr sie fort: „Wann wollen Sie Ihren Baum denn holen?"
„Vorläufig nicht! Das hat noch Zeit", entgegnete ich prompt, hatte aber das Gefühl, daß Frau Köster mit meiner Antwort nicht zufrieden war.

Inzwischen hatte sich der Laden mit neuen Kunden gefüllt, die nun ungewollt unser sehr einseitiges Gespräch mit anhörten.
„Nun, Herr Martin", begann Frau Köster erneut, „Sie haben doch schon Ihren Weihnachtsbaum in der Schlucht an der Giebel so geschmackvoll mit Kondomen geschmückt! Paßt der denn überhaupt in Ihr Wohnzimmer? Der ist doch sicher viel zu groß!"

Diese zynische Äußerung traf mich völlig unerwartet, wie ein Blitz aus heiterem Himmel! Ich wäre am liebsten in den Erdboden versunken, so peinlich war mir diese Rede, die mein heimliches Tun im Walde aufdeckte und mich in aller Öffentlichkeit bloßstellte!
Das Blut stieg mir zu Kopf und trieb mir die Schamröte ins Gesicht! Die Wurst, die ich schon in meiner Hand hielt, wäre beinahe zu Boden gefallen, denn meine Hände zitterten wie die eines kleinen Jungen, den man bei einem bösen Vergehen erwischt hat.
Ich murmelte nur noch: „Höchste Zeit für mich! Ich muß weiter!"
Dann verschwand ich hinaus an die frische Luft. Erleichtert atmete ich auf! Von nun an verfolgte mich tagelang die brisante Frage, auf welche Weise Frau Köster wohl von meinem Tun im Wald erfahren haben könnte?
Hatte ich mich doch jedesmal, wenn ich dort tätig war, gründlich nach allen Seiten umgeschaut, ob die Luft auch rein war. Ich war mir sicher, daß niemand zugeschaut hatte.

Als ich wenige Tage später im Dorf ihren Ehemann Willi Köster traf, erinnerte ich mich sofort an den peinlichen Vorfall im Konsum.
Wir kamen auch gleich ins Gespräch über den Treffpunkt der Liebespaare, die Kondome und die Fichte, denn mit Männern kann man leichter über solche Angelegenheiten sprechen, als mit der "holden Weiblichkeit".
„Ach, weißt Du", meinte er plötzlich laut lachend, „das habe *ich* ihr erzählt!"

Erneut stand ich völlig verblüfft und wie vor den Kopf geschlagen da.

Sollte Willi etwa selbst mich oben in der Schlucht beobachtet haben?

„Weißt Du", fuhr Willi schmunzelnd fort, „als ich Dich das erstemal beim Schmücken der Fichte beobachtete, stand ich gar nicht weit von Dir entfernt. Du konntest nicht wissen, daß mitten in dem Fichtenbestand einer unserer Trinkwasserbehälter der Gemeinde steht.

Als ich damals gerade mit meiner beruflichen Kontrolltätigkeit fertig war, hörte ich sonderbare Geräusche.

Zunächst glaubte ich, vorüberziehendes Wild hätte diese verursacht. Ich stellte mich schnell auf den Deckel des Hochbehälters und sah Dich, unseren Briefträger, wie Du Dich eifrig mit Deinem Spazierstock an einer Fichte zu schaffen machtest. Als Du dann fort warst, habe ich erst einmal den Baum mit dem daran hängenden Schmuck in aller Ruhe betrachtet.

Da habe ich mich doch sehr gewundert! Auf all meinen späteren Kontrollgängen dorthin konnte ich immer wieder feststellen, daß sich das Bäumchen – in bezug auf seinen Schmuck – prächtig entwickelte.

Und das habe ich natürlich auch immer meiner Frau erzählt. Sie hat sich jedesmal köstlich amüsiert!"

Kopfschüttelnd verabschiedete ich mich von Willi und zog meines Weges.

Ich jedoch hatte wieder etwas dazugelernt: Der Wald hat nicht nur Ohren, er hat auch Augen!

Die neue Dienstwohnung

Auch ein Amtsstellenleiter muß einmal Urlaub machen. So ergab es sich, daß wir vorübergehend einen Vertreter namens Otto Betkowski bekamen. Otto, wie wir ihn kurz nannten, war ein Mann von mittlerer Statur und etwa 58 Jahre alt.

Leider waren seine Nerven durch seine Soldatenzeit und die Vertreibung aus den ehemaligen deutschen Ostgebieten nicht mehr die besten. Dem Klang seiner Sprache nach war es nicht schwer zu erraten, daß seine Wiege in Ostpreußen gestanden hatte.

Otto war kein "Stammpostler" unseres Hauptamtes, sondern ein Vertreter aus dem Ruhrgebiet, der hier im Sauerland eifrig nach einer passenden Wohnung für seine Familie suchte, von der er zur Zeit aus dienstlichen Gründen getrennt lebte.

Da Schalterdienst nicht gerade seine Stärke war, geschah es, daß sich die Ereignisse jenes Nachmittags, von dem berichtet werden soll, zu einer mittleren Katastrophe für ihn entwickelten.

Ich selbst verrichtete zur gleichen Zeit meinen Dienst hinter ihm am Schalter 2 für Paketannahme und Briefabgang.

Seit der Nachmittags-Schalteröffnung um 15 Uhr wollte der Andrang der Kundschaft besonders an Ottos Schalter nicht verebben. Im Gegenteil, er nahm zu.

Da wir Zusteller an diesem Tage die Telefonrechnungen zugestellt hatten, bekam mein lieber Otto alle Hände voll zu tun.

Und so kam es, daß er sich an seinem Schalter allmählich "zuwurschtelte".

Alles, was nicht sofort erledigt werden mußte, hatte Otto erst einmal an die Seite gelegt.

Da aber der Platz zum Ablegen an seinem Schalter eng bemessen war, sah es nach kurzer Zeit um ihn herum aus, als säße er mitten in einem Warenlager. Das wiederum führte dazu, daß Otto zunehmend nervöser wurde.

Kopf und Ohren liefen rot an, und ab und zu kratzte er sich in seinen Haaren, die nur noch vereinzelt sein Haupt zierten.

Plötzlich begann er, seinen Kopf mal nach rechts, mal nach links zu drehen, als scheuerte ihm der Kragen.

Und gerade jetzt mußte auch noch sein Dienstapparat klingeln. Als Otto den Hörer abnahm, zu reden anfing und sich im gleichen Moment kerzengerade auf seinem Stuhl aufrichtete, merkte ich sofort, daß der Anrufer von einer höheren Dienststelle sein

mußte. So war es auch. Der Chef des Hauptamtes hatte ihm eine freudige Nachricht zu übermitteln.

Besonders zu erwähnen wäre noch an dieser Stelle, daß Otto während dieses gesamten Gespräches den Chef nie mit dessen Namen oder Titel anredete, sondern ausschließlich, in ostpreußischem Dialekt natürlich, den Titel "Postmeister" verwendete.

Der Chef muß wohl Otto erst gefragt haben, wie es ihm ginge und kam später erst damit heraus, daß er für ihn und seine Familie eine freigewordene Dienstwohnung hatte.

So kam folgender Dialog zustande: „Guten Tag, Herr Postmeister!" Danach gespanntes Stillschweigen.

Schließlich wieder Otto: „Na ja, wissen Sie, wie es eben so geht, Herr Postmeister, man muß schon zufrieden sein. Hätte ich doch erst einmal eine Wohnung, damit ich wieder mit Frau und Kindern zusammen sein könnte!"

Dann wieder eine kurze Pause.

Nun aber stammelte Otto sehr erregt: „Was, Herr Postmeister? Sie haben eine Wohnung für mich? Das ist ja prima, Herr Postmeister! Sie glauben gar nicht, wie ich mich freue!" – Kleine Pause.

„Was, Herr Postmeister, 3 Zimmer mit Bad? Na, da wird sich aber meine Frau freuen, besonders aber mein Sohn, denn der badet so gerne!"

Ottos Kundschaft hatte natürlich während dieser "hochrangigen Unterredung" eine unerwünschte Wartepause, aber alle genossen diese schmunzelnd, als säßen sie im Theater in der ersten Reihe. Nun klingelte auch noch der danebenstehende öffentliche Telefonapparat.

Sofort gab Otto seinem Postmeister zu verstehen, er möge sich doch einen Augenblick gedulden, aber dranbleiben.

Den Kunden am öffentlichen Apparat aber fuhr er barsch an, daß er jetzt für ihn keine Zeit habe und hängte sofort wieder ein.

In diesem Augenblick muß Otto derartig nervös und verwirrt gewesen sein, daß er den Hörer des Postkunden auf die Gabel des Dienstapparates knallte und sich so selbst von seinem hohen Dienstherrn trennte, ohne es zu merken. Sofort nahm er nun den anderen vor ihm liegenden Hörer wieder auf und fuhr fort: „So, Herr Postmeister, wir können uns wieder unterhalten! Hallo! – Hallo! – Sie reden ja nicht, Herr Postmeister! Mein Gott, hören Sie mich nicht?"

Aber da war weder Stimme noch Antwort, denn der Anrufer am Ende dieser Leitung hatte längst aufgelegt.

Da inzwischen die Kundschaft vor Ottos Schalter das Mißgeschick erkannt hatte, schlug die durch die lange Wartezeit verursachte schlechte Laune in eine sichtlich heitere Stimmung um, und alle begannen lauthals zu lachen. Erst jetzt sah Otto die sich vor ihm kreuzenden Telefonschnüre und erkannte die Lage, in die er sich selbst hineinmanövriert hatte.

Kopfschüttelnd und kreidebleich schaute er nun zunächst zur Kundschaft und dann zu mir herüber und sagte: „Ne, ne, so etwas ist mir in meiner ganzen Dienstzeit noch nicht passiert! Ich komme mir vor wie "Heinz Rühmann"!

Ich selbst verdrückte mich erst einmal nach nebenan in den Briefabgangsraum, denn ich mußte mir vor lauter Lachen den Bauch halten.

Die "Achtziger" durchs Fenster

Der Gipfel der Aufregung sollte für unseren "Amtsstellenleiter i. V." jedoch noch am gleichen Tage folgen.

Die restliche Zeit an diesem Nachmittag verging ohne besondere Ereignisse.

Darum konnten wir pünktlich um 18 Uhr die Schaltertür schließen und Kassenabschluß machen.

Mein Abschluß am Paketschalter dauerte nur ein paar Minuten, danach konnte ich mich in den Briefabgangsraum begeben und dort alles herrichten.

Bei Otto Betkowski hingegen sah das wesentlich anders aus.

Zunächst mußte er alle die Sendungen und Schriftstücke schnell bearbeiten, die noch hoch aufgetürmt um ihn herumlagen. Erst dann konnte er mit der Abrechnung beginnen.

Doch gerade als Otto mit seinem Kassenabschluß fast fertig war, klingelte bei ihm nochmals der öffentliche Fernsprecher. Das paßte ihm um diese Uhrzeit ganz und gar nicht.

Durch die offenstehende Tür hörte ich, wie er sehr laut und energisch antwortete: „Was wollen Sie noch um diese Uhrzeit? Eine achtziger Marke? Wir haben den Schalter schon lange geschlossen, und ich mache jetzt Kassenabschluß!"

Einen Augenblick lang entstand gespannte Stille, doch schon regte Otto sich erneut auf: „Was? Ich soll Ihnen die achtziger Briefmarke durchs Fenster verkaufen?"

Mit diesem Vorschlag hatte jedoch der Postkunde am anderen Ende der Leitung Otto Betkowskis empfindlichsten Nerv getroffen.

„Hören Sie mal, guter Mann", protestierte er, „ich bin jetzt über 30 Jahre im Postdienst, aber eine achtziger Briefmarke durchs Fenster habe ich noch nie verkauft!"

Entrüstet knallte er den Hörer auf die Gabel. Dabei bebte er am ganzen Leibe vor Erregung.

Was Otto nicht wissen konnte, war, daß es sich bei dem Anrufer um den Generalvertreter einer namhaften Lebensmittel-Großhandlung handelte, der seit Jahren fast allabendlich um 18.30 Uhr an der hinteren Verladetür von uns eine achtziger Marke bekam, obwohl gerade zu dieser Zeit die Abholpost verladen wurde.

"Reinhold Winkelmann", so hieß der Vertreter, kam wie immer noch am selben Abend vorbei, und ich verkaufte ihm die gewünschte Briefmarke aus meinem Landjägerbriefmarkenbestand.

Da dieser wahrscheinlich wichtige Geschäftsbrief immer das gleiche Gewicht hatte, wäre es sicherlich angebracht gewesen, wenn sich Reinhold Winkelmann zur üblichen Zeit am geöffneten Schalter gelegentlich mal mit einer größeren Stückzahl von jenen Briefmarken eingedeckt hätte, die er ständig brauchte.

Einen triftigen Grund, uns regelmäßig nach Schalterschluß noch zu belästigen, gab es wohl nicht.

Ob er uns vielleicht ärgern wollte?

Wir haben es nie erfahren.

Zu Weihnachten jedoch schenkte er uns aus Dankbarkeit für unsere Dienstbereitschaft immer eine Flasche Schnaps bester Qualität.

Das fliegende Fünfmarkstück

Der Herbst stand vor der Tür, und es wurde wieder Zeit, an die Einkellerungskartoffeln zu denken.

Da wir jahrelang hintereinander Pech mit der Qualität der Einkellerungskartoffeln hatten, kam meiner Frau der Gedanke, ich sollte diese doch mal direkt bei einem meiner Bauern bestellen, mit denen ich doch als Landbriefträger engen Kontakt hatte. So bestellte ich ein paar Zentner bei Bauer Anton Cordes, auf dessen Hof ich schon in meinen letzten Schuljahren während der Kartoffelferien im Herbst geholfen hatte, um mir das Taschengeld aufzubessern.

Anton Cordes war ein Bauer etwa Mitte der 60er Jahre und, wie man so sagt, eine echte "knorrige Sauerländer Eiche", die so leicht nicht zu erschüttern war.

Bald nahte der Tag, an dem die Kartoffeln direkt ins Haus geliefert wurden.

Was die Qualität der Kartoffeln betraf, so konnte man schon die Note "gut" geben. Nur waren leider viele Kartoffeln durch die automatische Erntemaschine arg beschädigt worden.

Ich hatte also wieder Pech mit meinen Einkellerungskartoffeln. Nur schade, daß ich sie schon bei der Anlieferung bar bezahlt hatte.

Zu allem Unglück wurde ich auch noch unmittelbar nach der Lieferung aus dienstlichen Gründen in einen anderen Zustellbezirk versetzt, was zur Folge hatte, daß ich nicht sofort und mündlich meine Unzufriedenheit dem Bauern Cordes kundtun konnte.

Ich setzte mich also hin und schrieb ihm eine Postkarte, auf deren Antwort ich wohl noch bis zum "jüngsten Tage" warten muß.

Inzwischen hatten wir Winter, und ich lief immer noch in dem anderen Bezirk. Erst im Frühjahr kam ich wieder in meinen alten Landjäger-Stammbezirk zurück.

Als ich eines Tages den Landwirt Anton Cordes persönlich auf seinem Hofe antraf, meinte er nur: „Ach, der Briefträger! Dich habe ich aber lange nicht gesehen! Ich dachte schon, Du wärst nicht mehr im Dienst!"

Von meiner Postkarte vom vergangenen Herbst und den reklamierten Kartoffeln erwähnte Anton Cordes jedoch kein Wort.

Für mich aber war diese Angelegenheit keineswegs erledigt. Im Gegenteil! Ich hatte immer noch eine solche Wut im Bauche, daß ich mir vornahm, mit der "knorrigen Eiche" Anton nur noch dienstlich zu reden.

Darum ließ ich mich auch auf sein erstes Gespräch nach der langen Winterpause erst gar nicht ein. Ob er meine Postkarte nun tatsächlich vergessen hatte oder nicht, das war mir egal.

"Anton" merkte jedenfalls, daß mit mir von nun an nicht "gut Kirschenessen" war. Inzwischen rückte der Tag immer näher, an dem Anton Cordes den Hof an seinen ältesten Sohn übergeben wollte, und die bevorstehende große Bauernhochzeit wurde emsig vorbereitet.

Es wurde geschlachtet und gebraten, vor allem aber gebacken, was das Zeug hielt, und die frohe Stimmung im Hause stieg zusehends. Ich hingegen verhielt mich stets streng dienstlich.

Als ich am Tage vor der Hochzeit das Gehöft erreichte, duftete es schon von weitem nach köstlichem Backwerk und würzigem Braten. Eine ältere Frau aus meinem Dorfe, die während dieser Festzeit aushilfsweise in der Küche tätig war, sprach mich an und meinte: „Nun essen und trinken Sie doch was, Herr Martin, Sie sehen doch, es ist hier alles reichlich da, was das Herz begehrt!"

Ich aber blieb standhaft und hart gegen mich selbst, obwohl der innere "Schweinehund" ganz schön kämpfte. Die Aushilfsköchin hingegen schüttelte nur immer wieder ihren Kopf, denn sie konnte mein Verhalten gar nicht verstehen.

(Die Sache mit den Kartoffeln ging sie ja auch wirklich nichts an.)

Am nächsten Morgen, früh am Hochzeitstag, kam ich wie immer zur gewohnten Zeit in Antons Wohnstube und übergab die vielen Glückwunschkarten, Päckchen und Zeitungen. Es war ein Morgen voller Unruhe im Bauernhaus. Alles sauste nur so an einem vorbei. Sogar Altbauer Anton Cordes war wie aufgedreht. Mal rannte er in die Küche, mal in den Flur, und schon stand er wieder neben mir im Wohnzimmer. Er hatte sich an diesem Ehrentage seines ältesten Sohnes besonders herausgeputzt, als wäre er selbst der Bräutigam. Jetzt wandte sich der alte Bauer Anton Cordes, sichtlich erregt und verärgert, mir zu und polterte los: „Mensch, Braifdriäger, nu iät un drink doch moal watt, et äss joa taum Hülen met Die!"

Hochdeutsch: „Mensch, Briefträger, nun iß und trink doch bloß mal etwas, es ist ja zum Heulen mit Dir!"

Ich aber blieb standhaft.

Nachdem ich dem Erbhofbauern nebst seiner jungen Gattin noch gratuliert hatte, verließ ich den Bauernhof.

Mein besonders stures Verhalten mußte wohl die sonst so unerschütterliche "knorrige Eiche" Anton innerlich zu Fall gebracht haben.

Ich war schon ein paar Schritte von der Haustür entfernt, als diese sich öffnete und Bauer Anton Cordes in voller Montur dastand und in derber Sauerländer Mundart hinter mir herrief: „Dä, Braifdriäger, wann Du nix iätten doüst un nixen soipest, dann koup die wat doaför!"

Hochdeutsch: „So, Briefträger, wenn Du nichts essen tust und nichts "säufst", dann kauf Dir etwas dafür!"

Indem hob er seine Hand und warf mir eine große Münze durch die Luft zu, die während der kurzen Luftreise hell glänzte und funkelte.

Ich schnappte mit einer Hand blitzschnell zu, steckte die Münze ein und zog weiter. Als ich außer Sichtweite war, überprüfte ich erst einmal den Wert der Münze und kam zu der Einsicht, daß ich doch jetzt eigentlich meinen "Kartoffelschaden" vom Herbst damit ersetzt bekommen hatte.

Die folgenden Tage auf jenem Hofe hatten zwar noch einen festlichen Charakter, brachten mich aber in bezug auf Essen und Trinken zu keiner Umstimmung.

Lediglich meine "außerdienstliche Gesprächsbereitschaft" nahm von nun an wieder zu. Es kam auch später noch zu einer gründlichen, aber sachlichen Aussprache zwischen Altbauer Cordes und mir in Sachen "Einkellerungskartoffeln, Qualität und Lieferbedingungen", welche dazu führte, daß ich bei späteren Lieferungen keine Beanstandungen mehr hatte.

Eines jedoch habe ich während meiner weiteren Landjägerjahre nie wieder erlebt, nämlich ein Bäuerlein, welches im wahrsten Sinne des Wortes "sein Geld aus dem Fenster warf".

Der Überfall

Ländliche Dorfpostämter und deren Schalterräume waren zur Zeit der Währungs-reform 1948 und lange danach noch nicht so modern eingerichtet wie heute und in keiner Weise abgesichert, von schußsicheren Schalterscheiben ganz zu schweigen. Dieses verleitete geradezu die Ganoven, einen bewaffneten Überfall auf solch klei-ne Postämter zu starten.

Unser Schaltervorraum war der Form nach fast quadratisch.

Kam man also durch den Eingang herein, so lief man geradeaus auf den diensttuen-den Amtsstellenleiter zu, der hinter einer durchsichtigen, seitlich verschiebbaren Glas-scheibe saß.

Der Paket- und Päckchenschalter hingegen befand sich rechtsseitig und war mit ei-ner stark milchigen Scheibe versehen.

Ich konnte also als Paketannahmebeamter nur bei geöffneter Scheibe meinen Chef, Herrn Rademacher, und seine verehrte Kundschaft sehen.

Hochsommer war es, verbunden mit außerordentlich hohen Außentemperaturen und dem Kalender nach ein Mittwoch. Da aber Mittwoch nachmittags alle Geschäfte bei uns im Dorfe geschlossen blieben und ein Großteil der Bewohner sich der Hitze we-gen im örtlichen Freibad tummelte, erhofften wir uns einen geruhsamen Nachmittag. Tatsächlich kamen nach Schalteröffnung kleckerweise nur einzelne Kunden. An mei-nem Schalter war es besonders ruhig.

Darum nahm ich mir hin und wieder eine herumliegende Zeitung und las darin. Verlief sich tatsächlich mal jemand an meinen Schalter, so konnte ich diese Person schon schemenhaft durch die milchige Scheibe sehen.

Während ich so seelenruhig in der Zeitung las, hörte ich im Schalterraum ein paar hastige Schritte und sogleich die Worte: „Das ist ein Überfall! Keine Bewegung und die Hände hoch!"

Zutiefst erschrocken, fiel mir das Herz in die Hose.

Dennoch wagte ich es, meine Scheibe vorsichtig einen kleinen Spalt zu öffnen. –

Da sah ich, wie ein etwa 8 – 9 jähriger Junge, als "Cowboy" verkleidet, mit zwei ziemlich echt aussehenden Trommelrevolvern im Anschlag meinen Chef bedrohte.

Amtsstellenleiter Rademacher konnte sich trotz der brisanten Lage, in der er steckte, ein gewisses Schmunzeln nicht verbergen, hob aber sogleich gehorsam seine Hände in die Höhe.

59

Ich jedoch holte in Sekundenschnelle meine Sprühdose aus der Landjägertasche, die ich ja immer für den "Ernstfall" mit auf Zustellung hatte, und setzte von meinem spaltbreit geöffneten Paketschalter gezielt zum "Schuß" an. Das hätte ich besser nicht getan. Der Schuß ging nämlich, wie man oft sagt, leider in den Ofen.

Obwohl der Inhalt solcher Sprühdosen nur aus einem Gemisch von Treibgas, Pfeffer und sonstigen unschädlichen Chemikalien besteht, war die Wirkung ungeheuer.

Treffen wollte ich nur die Schulter und Rückseite des kleinen Posträubers, aber just in dem Moment, als ich abdrückte, drehte sich der Bursche mit seinem Kopf hastig in meine Richtung um und bekam somit eine volle Breitseite jenes arg beißenden Gemisches in seine Augen. Jetzt war meinerseits rasches Helfen nötig, denn der kleine "Cowboy" ließ laut weinend seine zwei Pistolen fallen, um sein brennendes Gesicht mit den Händen zu bedecken.

Zum Glück war gerade kein Kunde anwesend, der Zeuge dieser tragischen und von mir mit Sicherheit nicht beabsichtigten Verletzung des Jungen geworden wäre.

Sofort eilte ich in den Schaltervorraum und holte den Jungen zu mir herein, stürzte mit ihm zum WC und wusch sein Gesicht immer wieder mit frischem Wasser ab. Schreck und brennender Schmerz hielten aber leider noch eine Zeitlang an, und ich konnte meinen kleinen Posträuber kaum beruhigen. Erst nach einigen bangen Minuten brachte meine intensive Behandlung doch den gewünschten Erfolg.

Er hörte auf zu weinen, stellte sich, am ganzen Körper wie Espenlaub zitternd, mit dem Rücken an die Wand und meinte, mich mit großen Augen ansehend: „Mensch, was war das denn für ein Sauzeug?" Nun wurde mir und auch meinem Amtsstellenleiter sichtlich wohler. Ich begann mit dem Jungen eindringlich zu reden und suchte verzweifelt nach einem brauchbaren Ausweg, um dieses "Mißgeschick" aus der Welt zu schaffen. Zunächst sauste ich los und holte aus der nächstgelegenen Gaststätte das größte Speiseeis, welches der Wirt vorrätig hatte.

Dann erklärte ich dem kleinen Posträuber mit sehr ernster Miene, daß so ein Überfall mit Waffengewalt auf eine staatliche Einrichtung normalerweise unverzüglich der Polizei gemeldet werden müßte und in diesem Falle eigentlich mit einer langjährigen Gefängnisstrafe zu rechnen wäre.

Im gleichen Atemzug meinte ich aber, wenn er von diesem Überfall auf die Post niemanden etwas erzählen würde, auch nicht seinen Eltern, könnten wir ausnahmsweise eine sofortige Meldung bei der Polizei unterlassen. Nun wurde auch dem "kleinen

Cowboy" sichtlich wohler, denn mit der Polizei und Gefängnis wollte er wirklich nichts zu tun haben.

Darum stimmte er meinem Vorschlag freudig zu.

Ein verlegenes und doch glückliches Lächeln huschte über das Gesicht des kleinen Burschen, als wir uns gegenseitig absolutes Stillschweigen gelobten. Dann entließen wir den kleinen "Cowboy" wieder in die dörfliche Freiheit.

Nun folgten für mich bange Tage der Ungewißheit.

Würde er sein gegebenes Versprechen halten?

Er hielt es. Gott sei Dank!

Wochen später, als der kleine Bursche wieder mit seiner Cowboytracht zu uns ins Postamt kam, rief er laut schallend schon an der Eingangstür: „Kein Überfall! Ich habe auch keine Waffen mit, ich will nur ein paar Briefmarken kaufen!"

So nahm ein "harmloser Überfall" auf ein sauerländisches Dorfpostamt für Täter und Betroffene doch noch ein gutes Ende.

Die zwei Bären

Gut gelaunt zog ich an einem strahlenden Sommermorgen in Richtung Dorfpostamt. Kurz nachdem ich die Diensträume betreten hatte, gab mir mein Amtsstellenleiter zu verstehen, daß ein Kollege erkrankt sei und ich aus meinem Dorfbezirk in einen Landbezirk wechseln müsse.

Dieser Bezirk war mir völlig unbekannt, und der Wechsel paßte mir gar nicht.

Da war es natürlich mit meiner guten Stimmung zunächst vorbei!

Meine Kollegen bedauerten mich und zeigten sich sofort hilfsbereit beim Sortieren und Stecken der Briefe und Karten in der vorgesehenen Begehordnung.

Welche Wege ich zu gehen hatte und in welcher Reihenfolge, das glaubte ich nach dem Kartenstudium sicher zu wissen.

Schwer bepackt zog ich los und fand ohne Schwierigkeiten den Weg zu einem entlegenen Bauernhof.

Danach aber hielt ich einen Brief in der Hand, dessen Empfänger und genauen Wohnsitz ich nicht kannte.

Was lag da näher, als den Bauern zu fragen, auf dessen Hof ich mich noch befand. Er beschrieb mir den Weg, und ich zog los. Bald sah ich schon von weitem das rote Ziegeldach des kleinen Bauernkotten, eingerahmt von grünen Wiesen, mitten in einer Talmulde. Ein hübsches Anwesen mit einer alten Schmiede und einem noch intakten "Backes" (Backhaus) vor dem Wohnhaus.

Als ich näherkam, fing ein Hund laut an zu bellen. Sein Gekläff klang bedrohlich. Mit erhöhter Wachsamkeit betrat ich den Hofraum, denn ich wußte nicht, ob er angekettet war oder frei herumlief. Da sah ich ihn auch schon!

Es war ein Spitz, der, an einem langen Laufdraht gekettet, zwischen Schmiede und Wohnhaus hin- und herlief.

Als ich mich von dem Hunde abwandte, weil ich von ihm nichts zu befürchten hatte, und auf das Wohnhaus zuging, erblickte ich neben der Haustür auf einer Bank einen alten Mann.

Sehr vertrauenswürdig sah der Alte nicht aus. Nicht etwa wegen seiner verschlissenen Kleidung, die er trug, mehr noch wegen seiner struppigen Haare und des ungepflegten Bartes. Sicher hatte er sich seit Wochen nicht rasiert. „Was soll's?" dachte ich und schritt mutig voran. Ich grüßte freundlich und fragte, ob ich hier richtig sei

bei Familie Gödde und ob der Hund wirklich so bissig sei, wie er sich gebärde? Ich bekam keine Antwort. Der Alte wippte lediglich mit dem Oberkörper hin und her und schaute dabei wie abwesend starr vor sich.

Plötzlich gab er in kurzen Abständen eigentümlich urige Laute von sich, die mich an Bären in Tierfilmen erinnerten.

Nun wurde mir doch ein wenig mulmig zumute und ich fing an, laut zu rufen: „Hallo! Hallo! Ist denn hier niemand?" Nichts rührte sich, und es kam keine Antwort. Als ich auf die weit offenstehende Haustür zuging, näherte sich der immer noch bellende Spitz. Er konnte aber die Haustür nicht ganz erreichen, und so blieb mir ein schmaler, gefahrenfreier Zugang zum Haus.

Im Flur drinnen rief ich wieder, klopfte an die erstbeste Tür und trat ein.

Ich stand in der Küche und schaute mich um. „Niemand da?" fragte ich. Neben dem Herd auf der Bank brummte etwas, so daß ich erschrocken hinsah. Mich rührte der Schlag! Ich traute meinen Augen nicht! Saß doch da auf der Ofenbank derselbe Mann, den ich draußen schon gesehen hatte! Ich glaubte an einen Spuk, wollte aber sicher sein, daß ich mich nicht getäuscht hatte und lief hinaus.

Der Alte saß aber noch da.

Also waren es zwei, und drinnen der, das leibhaftige Ebenbild des Alten vor der Tür mit struppigen Haaren, abgewetzter Kleidung und Stoppelbart.

Und wieder hörte ich das gleiche Brummen, den gleichen Bärenlaut von der Ofenbank her. Mir kam alles so unheimlich vor, daß ich den Brief schnell auf den Küchentisch warf und fluchtartig das Haus verließ, als wäre "der mit dem Pferdefuß" leibhaftig hinter mir her.

Während meines kurzen Aufenthaltes im Hause hatte der Spitz getobt und gekläfft, als hinge er am Spieß.

Durch dieses Spektakel aufmerksam geworden, eilte eine ältere Frau vom Felde herbei und gab sich als Thea Gödde zu erkennen. Als sie keuchend und luftschnappend vor mir stand, meinte sie: „Sie sind wohl neu hier und waren noch nie bei uns?"

Ich bejahte ihre Frage und wandte mich zum Gehen. An meinem Gesichtsausdruck mußte sie wohl erkannt haben, daß ich immer noch sichtlich verstört wirkte. Darum rief sie mir nach: „Ach, was ich noch sagen wollte: Vor den beiden Alten brauchen Sie sich nicht zu fürchten! Die sind nicht ganz richtig im Kopf!"

Augenblicklich wurde mir wohler, und erleichtert zog ich weiter.

65

Wochen später erfuhr ich von zwei Bauern die "angebliche Wahrheit" über die zwei alten "Bären".

Der eine behauptete, die Mutter der beiden habe so viel Alkohol getrunken, daß die beiden schon krank zur Welt gekommen seien. Der andere erzählte mir, als die zwei Jungen noch klein waren und die Flasche bekamen, hatte die Mutter ihnen immer einen Schluck Schnaps in die Milch geschüttet, damit sie länger schliefen und sie selbst ungestört die Feldarbeit verrichten konnte.

Welche Version auch stimmen mochte, ich fand beide traurig, sehr traurig, besonders für die beiden gutmütigen alten Brummbären.

Das Post-Abhebebuch

Im Dorfpostamt erschien eines Tages die mir gut bekannte Postkundin Marga Schütte. Sie trat an meinen Schalter, grüßte freundlich und schob mir ihr Postsparbuch zu, indem sie erklärte, sie brauche mal wieder Geld und möchte ein paar Hunderter abheben.

Da ich Frau Schütte von meinen Zustellungsgängen her schon lange kannte, wußte ich, daß sie eine humorvolle Frau war, die jederzeit bereit war, einen Spaß mitzumachen. Der Schalk saß mir im Nacken, als ich mich beim Anblick des Sparbuches entschloß, mir einen Scherz mit ihr zu erlauben.

Mit ernster Miene nahm ich das Postsparbuch prüfend in die Hand, betrachtete es nach allen Seiten, ohne es zu öffnen, schüttelte den Kopf und legte es wieder vor mich hin. Nach einer gewisssen Zeit vorgetäuschten Nachdenkens, gab ich Frau Schütte zu verstehen, daß ich ihr kein Geld auszahlen könne. Die Vorlage dieses Buches genüge nicht. Verständnislos schaute mich Frau Schütte an. Einen Augenblick lang schien sie völlig verwirrt und sprachlos. Dann raffte sie sich zusammen und meinte empört: „Von diesem Sparbuch habe ich doch immer schon Geld abgehoben, und alle anderen Postbeamten haben mir das Geld ohne Schwierigkeiten ausgezahlt. Sie wollen mir wohl keins geben?"
„Oh, nein!" erwiderte ich beruhigend. „Liebe Frau Schütte! Gegen Vorlage dieses Postsparbuches darf ich Ihnen kein Geld auszahlen! Das ist ja nur ein Sparbuch!"
„Was ist das?" rief Frau Schütte empört, „natürlich ist das ein Sparbuch, und das Geld vom Sparbuch gehört mir! Ich will es haben, und zwar auf der Stelle!" Unser Wortwechsel dauerte noch eine Weile an und artete schließlich in ein regelrechtes Gerangel um persönliche Rechte und Postvorschriften aus.

Mir wurde dabei etwas mulmig zumute. Trotzdem zeigte ich keine Unsicherheit und erklärte ihr mit fester Stimme: „Zum Abheben von Geldeinlagen benötigen Sie aber ein Post-Abhebebuch!"
Für einen Moment verschlug es Frau Schütte die Sprache, dann beugte sie sich weit vor, schaute mich mit halb zugekniffenen Augen an und antwortete: „Sie wollen mich wohl zum Narren halten? Rücken Sie sofort das Geld heraus!"
Die unerschütterliche Sicherheit der Frau und die Art, ihre Rechte zu vertreten, entwaffneten mich.

Augenblicklich verzichtete ich auf die Vorlage eines ”Post-Abhebebuches” und gab ihr gegenüber schuldbewußt zu, daß es bei der Post ein solches Buch gar nicht gebe und das ganze nur ein Scherz gewesen sei. Frau Schütte brach in ein schallendes Gelächter aus, und ich lachte mit, nur nicht so laut.

Ich zahlte ihr nun die verlangte Summe aus, und sie verließ zufrieden das Postamt. An der Tür drehte sie sich noch einmal um, schaute zu mir herüber, drohte mir heftig mit erhobenem Zeigefinger und rief: ”Das machen Sie nicht noch einmal mit mir!” Dann verschwand sie.

Später, wenn ich ihr Post ins Haus brachte, haben wir beide noch manches Mal über das ”Post-Abhebebuch” gelacht.

Das Geheimdepot

Unmittelbar am Waldesrand, versteckt hinter alten Kastanienbäumen, stand ein schon betagter, kleiner Bauernkotten.

Der bereits im Rentenalter lebende ehemals schlesische Waldarbeiter namens Alois Schober und sein angetrautes Weib Resi bewohnten und bewirtschafteten dieses Anwesen. Die Kinder der beiden waren schon verheiratet und lebten ein paar Kilometer entfernt in dörflicher Umgebung.

Die beiden Alten hielten das zur Miete bewohnte Anwesen nebst Garten und Wald so gut in Ordnung, wie es ihnen eben möglich war.

Obwohl man jeden für sich als eine "Seele von Mensch" bezeichnen konnte, hatte "Sie" doch das Sagen!

Nach Waldarbeiters Sitte mochte besagter Ehemann Alois jedoch nicht auf seinen täglichen Schluck Korn verzichten, wie es sich ja auch für ein gestandenes schlesisches Mannsbild gehört.

Nur, bei Alois hatte man schon den Eindruck, daß er seine Leber auf der Sonnenseite trug. Vom Wohnhaus her entluden sich darum, ausgelöst von dessen Bewohnerin, verursacht aber durch erhöhten Alkoholgenuß des Hausherrn, gelegentlich schwere Gewitterwolken über Alois' Haupt, bis dieser eines Tages eine großartige Idee hatte. Viele Ehemänner haben bekanntlich so viel Respekt vor ihrer Angebeteten, daß sie sich notgedrungen ein Versteck für ihren guten Tropfen zulegen müssen, damit der Haussegen ja nicht schief hängt oder gar herunterfällt.

So war es auch bei Alois.

Ein Auto hatte er nicht. Fahrradfahren war altersmäßig und gesundheitlich nicht mehr drin, und zu Fuß ins nächste Dorf war's zu weit!

Ein längeres Fernbleiben "von der Truppe" (seinem Feldwebel) wäre ja so allzu schnell aufgefallen.

Hier gab es nur eine brauchbare Lösung: Ich, der Landbriefträger, mußte dran glauben und der zuverlässigste und unauffälligste Verbindungsmann werden, den man sich nur denken kann.

Ein nur wenig entfernt am Waldesrand stehender und nicht vom Wohnhaus sichtbarer Holzstapel sollte das sicherste Versteck aller Zeiten werden.

Ein von uns beiden geheim gekennzeichnetes Holzstück, welches an einer unauffälligen Stelle leicht und schnell aus dem Stapel gezogen werden konnte, wurde das besagte "Schnapsdepot"!

Da ich täglich zu Fuß kam und insgesamt 24 km zurückzulegen hatte, war diese nichtdienstliche, menschlich und moralisch aber vertretbare Belieferung nicht immer so einfach, denn ich hatte ja als Landjäger außer Briefpost und Zeitungen auch noch Pakete und Päckchen zu schleppen. Kam ich also an dem präparierten Holzstapel an, so hieß es zu prüfen, ob eine bestimmte Nachricht hinter dem losen Holzstück lag.
War der Hohlraum leer, stand Schobers Schnapsbarometer noch auf gut. War eine leere Flasche drin und 10,– DM, so hieß das: Höchste Alarmstufe!
Befinde mich im "Trockendock"! War jedoch eine leere Flasche drin, ohne Scheinchen, so hieß der Auftrag: Brauche Nachschub! Viel Durst! Habe im Moment aber leider nichts auf der Juppe!

In solch einem Falle blieb mir nichts anderes übrig, als für ein paar Tage finanziell in die Bresche zu springen, denn es herrschte ja absoluter Notstand. Als Gegenleistung für meinen "Samariterdienst" bekam ich von Alois für den Winter eine Karre Brennholz geschenkt und beim schlesischen Schweineschlachten auf dem Kotten ein gutes Frühstück und eine Wurst für die Familie.
An manchen Tagen war ich, außer Alois, der einzige Mensch, mit dem die Resi mal sprechen konnte. Frau Schober war schon froh, wenn ich so dann und wann ein wenig verweilte und mit ihr in schlesischer Mundart ein kleines Schwätzchen hielt.

So geschah es eines Tages, daß Resi mir – scheinbar ganz nebenbei – ihr Leid klagte und sorgenvoll von ihrem Alois und seinem Hang zum Schnaps erzählte. Am Ende gab sie sogar zu erkennen, daß ihr sein Wohlergehen durchaus nicht gleichgültig sei. Da auch ich gebürtiger Schlesier bin, fand dieses Gespräch natürlich wieder in schlesischem Dialekt statt.
Resi meinte unter anderem: „Ach, wissa se, Herr Briefträger, ich koan macha, woas ich will, und oo uufpossa wie ich will, obwohl doch mei Alois nirgends wu hiekimmt. Wenn's Nomitts ies, doo hoot da Kalle a Luder under der Mitze!"
Hochdeutsch: „Ach, wissen Sie, Herr Briefträger, ich kann machen, was ich will, und auch aufpassen, wie ich will, obwohl doch mein Alois nirgendwo hinkommt. Wenn es Nachmittag ist, da hat der Kerl "einen" unter der Mütze!"

Kopfschüttelnd und mit ernster Miene gab ich ihr daraufhin zu verstehen, daß solches Geschehen ja fast schon an ein Wunder grenze.

Kopfnickend meinte sie darauf: „Ja, ja, ich gloobs oh balde!"

(Ja, ja, ich glaube es auch bald.)

Inzwischen ist "Alois" schon einige Jahre tot. Gott hab ihn selig! Aber unser beider großes Geheimnis hat er mit ins Grab genommen, und mir blieb das Schweigen.

Die Witwe Resi – nun ganz allein – zog daraufhin bald ins Dorf zu ihrer Tochter und genießt nun seit langem das wohlverdiente Rentnerleben.

Als Postbote im Ruhestand bekomme ich die "Schober Resi" doch noch ab und zu beim sonntäglichen Gottesdienst zu sehen.

Begegnen wir uns dann, muß ich bei meinem Gruß gegenüber dem alten "Mütterchen Resi" immer an "Alois" und unser großes Geheimnis und an die Unterredung mit ihr in gleicher Sache denken.

Unwillkürlich kommt bei solcher Begrüßung immer wieder ein geheimnisvolles Schmunzeln über mich, und ich merke an ihrem Gesichtsausdruck und den noch lebhaft funkelnden Augen, daß Resi für Bruchteile von Sekunden innehält und vielleicht dabei denkt: „Seltsam, unser früherer Briefträger ist auf seine alten Tage noch freundlicher geworden, als er schon immer war."

Der Pfennigfuchser

Selten hat ein Postkunde meine Hilfsbereitschaft auf solch eigenwillige Weise in Anspruch genommen wie Franz Vollmer, ein schon recht betagter Herr aus unserem Dorfe.

Als er den Schalterraum betrat, schaute er sich nach allen Seiten um, bevor er sich hinten an die Reihe der Wartenden anschloß.
Kamen neue Kunden, so trat er zurück und machte ihnen Platz. Das geschah mehrere Male, und Opa Vollmer schien dabei nicht im geringsten die Geduld zu verlieren. Als der Andrang einmal recht groß wurde, setzte er sich sogar gemütlich auf den Hocker im Schalterraum und wartete ab. Ich beobachtete ihn verwundert, denn sein eigenartiges Verhalten machte mich stutzig. Opa Vollmer mußte einen besonderen Grund haben, daß er alle anderen Postkunden vorließ. Ich wartete gespannt ab.

Erst als der Schalterraum leer war, stand er ganz gelassen auf, legte mir einen Brief normaler Größe hin und bat mich, diesen per Luftpost befördern zu lassen.
Luftpostbriefe hatte er schon häufiger eingeliefert, und ich wußte, daß er nahe Verwandte in Übersee hatte.
Diesmal aber wunderte es mich, daß der Briefumschlag unverschlossen war.
Während der Brief auf der Waage lag, fragte ich Herrn Vollmer, ob ich ihn schon verschließen sollte.
Er wehrte heftig ab und sagte mir: „Gleich, gleich! Jetzt noch nicht!" Dabei schaute er wachsam nach dem Zeiger der Briefwaage. Der Brief wog genau 25 1/2 Gramm, und ich nannte den Preis, der zu zahlen war. Mit diesem Preis war Franz Vollmer aber gar nicht einverstanden, hatte er doch noch zu genau den Preis im Kopf, den er sonst immer für einen Brief nach Übersee gezahlt hatte.
Nachdenklich schüttelte er den Kopf, räusperte sich und bat mich: „Da müssen Sie etwas abschneiden, dann wird der Brief leichter!"
Er nahm mir den Brief aus der Hand, zog das Briefpapier nebst einer Karte heraus, faltete den beschriebenen Bogen auseinander und forderte mich auf: „Schneiden Sie doch rundum alles ab, was noch weiß und unbeschrieben ist."
Nachdem ich seinen Wunsch dienstfertig erfüllt hatte, wog ich erneut und stellte fest, daß die ganze Aktion nicht viel gebracht hatte, denn Umschlag samt Inhalt wogen noch 23 1/2 Gramm. Die 20-Gramm-Marke war bei weitem nicht erreicht und damit auch nicht der alte Preis.

Herr Vollmer zog die Stirne kraus und überlegte.

Dann gab er sich innerlich einen Ruck und meinte: „Machen Sie sich mal mit Ihrer Schere an die etwas dickere Karte heran und schneiden den unbedruckten, weißen Rand ab!"

Dienstbeflissen gehorchte ich seiner Aufforderung und schnitt. Die Karte, in der Größe einer Postkarte, war in der oberen Hälfte mit einem christlichen Motiv bedruckt. Die untere Hälfte trug einen dazugehörigen fettgedruckten Bibelspruch. Das Abschneiden des weißen Randes brachte nicht viel.

Die Waage zeigte immer noch 22 Gramm an.

Nach längerem Überlegen rang Opa Vollmer sich zu einer schweren Entscheidung durch. Es fiel ihm sichtlich schwer, aber er sprach: „So schneiden Sie doch einfach die obere Hälfte der Karte mit dem Bild ab!" Er stöhnte. Ich aber griff zur Schere. Während ich nun mit meiner Schere beim Abschneiden zielstrebig dem Bibelspruch immer näher kam, rief er plötzlich: „Aufhören, Herr Martin! Aufhören!"

Der Schnitt verlief haarscharf an der Oberkante des Bibelspruches entlang.

Opa Vollmer atmete erleichtert auf!

Der Bibelspruch war gerettet!

Erneut legte ich Umschlag, Briefbogen und halbierte Karte auf die Waage.

Der Zeiger pendelte sich rasch auf 19 1/2 Gramm ein, und ich verkündete korrekt und überzeugend den alten Preis für den Brief nach Übersee.

Opa Vollmers Gesicht hellte sich auf. Sichtbar erfreut zahlte er die alte Gebühr mit dem stolzen Bewußtsein, einen "grandiosen Sieg" über die Deutsche Bundespost errungen zu haben.

Überglücklich bedankte er sich bei mir für die gewährten Sonderleistungen, verließ das Postamt und trat seinen Heimweg an.

Der Gerichtsvollzieher

Noch viele Jahre nach der Währungsreform 1948 war es bei der Deutschen Bundespost üblich, daß die Zusteller monatlich auch Zeitungsgeld, Rundfunk- und Fernsehgebühren einzuziehen hatten.

Erst viele Jahre später, als Überweisungs- und Abbuchungsverfahren im Bankwesen zunahmen, entschloß sich auch die Bundespost, diese einzuführen.

Nun können Sie sich sicherlich gut vorstellen, daß es gerade auf dem Gebiet des Geldeinzuges durch uns Briefträger vor der Zeit des bargeldlosen Zahlungsverkehrs oft zu ärgerlichen und problematischen Situationen kam.

Gab es doch genügend säumige Kunden, die einen mehrmals an die Tür klopfen ließen, ohne zu zahlen.

Da konnte einem schon im wahrsten Sinne des Wortes "der Draht aus der Mütze fliegen"!

So erging es mir immer wieder bei einer gewissen Frau Elfriede Kunze. Wenn ich bei dieser Frau zum wiederholten Male an der Wohnungstür schellte, behauptete sie ständig, daß sie im Augenblick kein Geld habe.

Diese Aussage erschien mir zwar ehrlicher als die Ausrede mancher Zeitgenossen, die fast immer sagten, der Mann habe alles Geld mitgenommen, oder sie hätten nur großes Geld im Hause, aber ich glaubte ihr trotzdem nicht.

Da ich schon von vornherein wußte, daß mein Erscheinen bei Frau Kunze erneut "für die Katz" sein würde, hatte ich mir schließlich einen besonderen Plan ausgedacht.

Für alle Sendungen, deren Inhalt einen besonderen Wert aufweisen, wie Wertbeutel oder Geldtaschen, gibt es bei der Deutschen Bundespost eine Siegelmarke, auch Verschlußmarke genannt.

Sie ist aus Papier und hat etwa die vierfache Größe einer normalen Briefmarke. Die Vorderseite trägt das Siegel bzw. den Stempelabdruck des jeweiligen Postamtes, und die Rückseite hat eine Gummierung mit hervorragender Klebkraft.

Von diesen Marken steckte ich mir des Morgens vor Verlassen des Postamtes einige in die Tasche mit der Absicht, sie nach Art eines Gerichtsvollziehers als "Kuckuck" zu verwenden.

Als mir Frau Kunze wieder ihr Leid klagte und ihren bargeldlosen Zustand selbst bedauerte, verschaffte ich mir erst einmal Zugang zu ihrer Wohnung.

Dann gab ich ihr energisch und mit ernster Miene zu verstehen, daß es ab sofort bei der Deutschen Bundespost in solchen Angelegenheiten grundsätzlich keinen Zahlungsaufschub mehr gäbe. Ich begab mich also schleunigst in den Raum, wo ich die "Flimmerkiste" vermutete, fand sie, schob den Apparat langsam an die Seite und zog sämtliche Strippen heraus, die zu dem Gerät führten. Frau Kunze, die bei meinem Einsatz in unmittelbarer Nähe stand, fielen bald die Augen aus dem Kopfe.

Ganz aufgeregt jammerte sie: „Oh nein, oh nein! Das können Sie doch nicht machen! Was glauben Sie, was geschieht, wenn mein Mann von der Arbeit kommt und feststellt, daß er heute abend nicht fernsehen kann!"

Ihr Jammer aber störte mich in keiner Weise.

Ich holte meine Siegelmarken aus der Tasche, feuchtete sie mit der Zunge an und klebte alle offenen Löcher zu, um den Empfang irgendwelcher Sendungen gänzlich zu verhindern.

Bevor ich von dannen zog, gab ich Frau Kunze noch zu verstehen, daß diese Marken von der Post erst dann entfernt würden, wenn sie gezahlt habe, und ein Selbstentfernen sogar mit Gefängnis bestraft werden könnte.

Als ich meine private Amtshandlung abgeschlossen hatte, empfand ich eine innere Genugtuung über meinen gelungenen "Husarenstreich" und verließ das Haus.

Kaum aber befand ich mich auf meinem weiteren Zustellgang, so plagten mich erhebliche Bedenken, und es wollte keine rechte Freude in mir aufkommen. Ich fürchtete, mein Vorgehen könnte mir, wenn es im Postamt bekannt würde, den Vorwurf der Amtsanmaßung einbringen und gerichtliche Folgen nach sich ziehen. Wußte ich doch nicht, wie ihr Ehemann auf diesen Vorfall reagieren würde? Am nächsten Tag hatte ich zum Glück keine Post für dieses Haus und konnte somit einen großen Bogen um selbiges machen. Am zweiten Tag aber sah ich Frau Kunze schon von weitem.

Sie stand mit hocherhobener Hand vor der Haustür und winkte mir mit einem Geldschein zu.

Als ich näherkam, bat sie mich inständig: „Ach, Herr Briefträger, machen Sie bloß schnell diese komischen Dinger hinten an dem Apparat wieder weg! Sie glauben ja gar nicht, wie mein "Oller" gestern abend mit mir geschimpft und geknurrt hat, weil er ohne Fernseher auskommen mußte!"

Aus ihren weiteren Äußerungen konnte ich entnehmen, daß sie sich das fehlende Geld bei einer Nachbarin geliehen hatte. Ich aber machte mich nun nach Einnahme der Gebühren sofort an die Arbeit, um den Betrieb des "Heimkinos" wieder zu gewährleisten.

Frau Kunze war wie umgewandelt.

Eilfertig holte sie mir ein scharfes Kartoffelmesser, und ich versuchte in mühevoller Arbeit, alle Siegelmarken sorgfältig zu entfernen.

Es war gar nicht so einfach!

Erst als ich warmes Wasser zur Hilfe nahm, hatte ich mehr Erfolg. Eine gute halbe Stunde kostete mich das Lösen der "Kuckucksmarken". Von nun an aber zählte Elfriede Kunze zu den Kunden, die schon beim ersten Einziehversuch zahlten.

Ja, ich hatte sogar den Verdacht, daß sich meine Aktion – durchgeführt nach Art eines Gerichtsvollziehers – hinter vorgehaltener Hand bei vielen säumigen Zahlern in meinem Bezirk herumgesprochen hatte, denn das Einkassieren klappte von nun an wesentlich besser!

Wer ist gestorben?

Bekanntlich hat das Leben in ländlicher Dorfgemeinschaft seine Vor- und auch Nachteile.

Von Vorteil ist sicher, daß vor allem die Anonymität der Großstadt, deren Lärm und Hektik auf dem Lande noch nicht so zu spüren sind. Das Leben im Dorfe ist eben doch ein bißchen beschaulicher und familiärer.

Man kennt und grüßt sich und hält auch mal inne, um ein Schwätzchen zu halten. Wichtig ist natürlich, daß man im Dorfe gewissenhaft auf sich achten muß, denn hier gibt es den beliebten und schier nie versiegenden Dorftratsch. Wohnt man hingegen in einem Stadthochhaus, so kann es passieren, daß am gleichen Tage im Obergeschoß des Wolkenkratzers ein neuer Erdenbürger das Licht der Welt erblickt, in der Mitte eine Ehe geschlossen wird, während in den unteren Etagen einer gerade das Zeitliche segnet, ohne daß ein Mitbewohner von diesen doch so wichtigen Ereignissen Kenntnis nimmt.

Gestorben! – Das ist mein Thema. Bei uns im Dorf ist es bis heute so üblich, daß bei einem Todesfall unser ”Hochwürden” Punkt 9.00 Uhr früh die Totenglocke läuten läßt. Bei guten Windverhältnissen ist das Geläut im ganzen Dorfe zu hören. Wir Briefträger verließen meistens zu dieser Uhrzeit das Dorfpostamt und kamen somit voll in den Genuß des traurig-monotonen Gebämmels, welches man in unserem Dorfe auch ”Kleppen” nennt. Da bekanntlich auch die Neugierde in ländlicher Dorfgemeinschaft besonders tiefe Wurzeln hat, öffneten sich gerade jetzt viele Fenster, denn man wollte ja wenigstens wissen, wer wohl das Zeitliche gesegnet hatte? Kurz gesagt, man wurde als Postbote an jedem zweiten oder dritten Hause gefragt, wer wohl gestorben sei?

Ich stellte mir oft die Frage, warum denn gerade ich als Briefträger in aller Frühe wissen sollte, wer im Dorf verblichen war, hatte ich doch dienstlich gerade zu dieser Zeit mit gänzlich anderen Problemen zu kämpfen. Eines Tages war ich die ständige Fragerei nach dem ”Gebämmel” aber wirklich leid. Ich sann also auf Abhilfe und hatte auch bald eine brauchbare Idee. Ich besorgte mir einen dicken, weißen Pappdeckel in der Größe einer einmal gefalteten Tageszeitung und schrieb mit schwarzem Filzstift groß und deutlich darauf: ”Ich weiß es auch noch nicht!!!” Hatte es also wieder einmal des Morgens gebämmelt, so war an diesem Tage das Schild mein ständiger Begleiter.

Eines Tages hatte es gleich zweimal in kurzen Abständen gekleppt, was bedeutete, daß zwei Leutchen gestorben waren. Nun galt es erst recht, ja das Schild nicht zu vergessen.

Auf meinem Zustellgang im Dorfbezirk verließ ich gerade die Hauptstraße und bog in eine steil ansteigende Nebenstraße. Schon von weitem sah und hörte ich, wie sich zwei alte Frauen von Fenster zu Fenster über die Straße hinweg laut unterhielten.

Über was die zwei Alten tratschten, war leicht zu erraten, denn es hatte Minuten vorher ja schließlich gleich zweimal hintereinander gebämmelt.

Da beide schon schlecht hörten, mußten sie notgedrungen etwas "plärren"!

Ich war zwar immer noch ein gutes Stück entfernt, bekam aber durch die erhöhte Lautstärke ihres Wortwechsels schon alles mit, was es da so zu "ratschen" gab.

Die Höfers Mine von links rief zur rechten Nachbarin, der Schulten Jette, über die Straße hinüber: „Hast Du es auch gehört, es hat gekleppt!"

Darauf antwortete die Schulten Jette: „Ja, – und das gleich zweimal! Wer mag es wohl sein?" Nun die Mine wieder: „Also, ich tippe ja auf die Meierin vom Unterdorf, die soll ja so schlecht drangewesen sein!" Jetzt sah die Schulten Jette mich kommen. Daraufhin schrie sie jetzt zur Höferin hinüber: „Warte mal, ich sehe den Briefträger kommen. Der wird es wohl wissen!"

Da im gleichen Moment ein Auto laut knatternd vorbeifuhr, verstand die Höferin kein Wort. Die Schulten Jette mußte also ihren Satz gänzlich wiederholen.

Jetzt hatte mich die Mine von links auch in ihrem Blickwinkel.

Da es die Jette aber der Luftlinie nach zu mir näher hatte, fing sie nun an mit mir zu sprechen: „Gut, daß Sie kommen, Herr Martin, Sie wissen doch sicher, wer im Dorfe gestorben ist?"

Ich gab keine Antwort, sondern griff schnell in meine Zustelltasche und zeigte ihr mit hochgehaltener Hand mein Schild.

Nun aber konnte es die Höferin von drüben wiederum nicht abwarten und rief: „Jette, wer ist es denn?"

Die Augen der Schulten Jette schienen auch nicht mehr die besten zu sein, denn sie blinzelte zu mir herunter und wartete, bis ich direkt unter ihrem Fenster stand. Jetzt konnte sie meine Beschriftung gut lesen und schrie voller Entsetzen über die Straße: „Oh Gott, oh Gott! Er hat ein Schild bei sich, wo draufsteht: 'Ich weiß es auch noch nicht!' " Sofort verschwand nun ihr Kopf, und flugs knallte sie das Fenster hinter sich zu.

Daraufhin schloß die Mine verärgert und voller Enttäuschung auch ihr Fenster.

Als ich ein paar Häuser weiter war und mich ganz verstohlen umdrehte, sah ich, wie die Mine hastig über die Straße sauste, um sich endlich volle Klarheit bei der Nachbarin zu verschaffen. So hatte ich mit meinem Schild im Dorfe wieder einmal für reichlichen Gesprächsstoff gesorgt.

Schon am nächsten Tag wußten fast alle Dorfbewohner von meinem Schilde.

Von nun an sollte es für mich eine Zeitlang schlimmer kommen als erwartet. Die Sache mit dem Schilde wurde mir regelrecht zur Last!

Sprach mich doch bald jeder auf der Straße an, egal ob es "bämmelte" oder nicht und fragte: „Ach, Herr Martin, kann ich wohl auch mal das Schild sehen, das Sie angeblich immer bei sich tragen?"

Der eitle Opa

Auf einem bewaldeten Höhenzug östlich der Lenne lag ein einsamer Waldbauernhof. Aus Altersgründen sah sich der Pächter gezwungen, nach Ablauf der Pachtzeit den Vertrag nicht mehr zu verlängern und auszuziehen.

Es war wenige Jahre nach dem 2. Weltkrieg zur Zeit des Wirtschaftswunders, in der das Gastronomiegewerbe einen besonderen Aufschwung zu verzeichnen hatte. Daher entschloß sich der Eigentümer nach dem Auszug des Pächters, das Anwesen in einen Berggasthof umzugestalten.

Durch umfangreiche Baumaßnahmen wurde der Einsiedlerhof in einen freundlichen Gasthof verwandelt.

Eines Morgens hielt ich beim Feinsortieren der Briefpost den ersten nachgesandten Brief für die neuen Bewohner des Berggasthofes in der Hand.

Eingezogen war das Ehepaar Regina und Hugo Schlotmann mit den Eltern der neuen Wirtsfrau, Änne und Bernhard Gnacke.

Als ich den Brief im neuen Gasthof ablieferte, erfuhr ich, daß die Eröffnung in Kürze sein sollte.

In den noch verbleibenden Tagen ging es dort zu wie in einem Bienenhaus. Selbst die alten Leute, Frau und Herr Gnacke, waren von früh bis spät emsig bei der Arbeit. Opa Gnacke sauste den ganzen Tag herum wie ein ”geölter Blitz”. Wenn man ihn beobachtete, konnte man den Eindruck gewinnen, er sei der Meinung, ohne ihn könne der festgesetzte Termin der Eröffnung nicht eingehalten werden. Opa Gnacke, längst wohlbetagter Rentner, war trotz seines Alters noch so schnell, daß sein grauer Kittel, den er immer offen trug, nicht schlaff herunterhing, sondern fast waagerecht nach hinten zeigte, wenn er durchs Gebäude ”flog”.

Endlich war der große Tag der Eröffnung gekommen. Weil das neue Wirtshaus in meiner Begehordnung an erster Stelle stand, war ich an jenem Tage besonders früh bei den Schlotmanns.

Als ich das Haus betrat und auf die Küche zuging, wirbelte Herr Gnacke an mir vorbei, stieß mich fast um und verschwand durch die Pendeltür in der Wirtsstube.

Er machte auf mich den Eindruck eines wildgewordenen Handfegers, denn seine Haarpracht stand ihm regelrecht zu Berge.

In der Küche klagte mir Frau Gnacke: „Ach, Herr Martin, heute treibt mein Mann es aber wirklich zu arg! Er saust herum, als wäre er selber der neue Wirt.
Heute morgen hat er mich in der Küche sogar schon umgerannt. Er tut so, als ob ohne ihn nichts klappte."

Kaum hatte Frau Gnacke ausgesprochen, kam er schon wieder angespurtet.
Er flitzte in den Flur, blieb ruckartig vor dem großen Spiegel stehen und versuchte, seine zerzausten Haare mit den Fingern zu ordnen.
Es gelang ihm nicht, und mürrisch brummend lief er zur Tür hinaus. Das war zu viel für Oma Gnacke. Sie ging hinter ihm her, packte ihn am Kittel und zog ihn zurück bis in die Küche. Hier drückte sie ihn auf einen Stuhl und schimpfte energisch: „So, nun bleibst Du erst einmal sitzen und ruhst Dich aus! Erzähl mir doch bloß mal, was Dich heute eigentlich so krabbelig macht?"
Er gehorchte wirklich und blieb für kurze Zeit ruhig sitzen.
Dann druckste er so herum, und langsam kam es aus ihm heraus: „Ach, weißt Du, Frau, in einer Stunde ist Eröffnung, und die hohen Herren von der Brauerei kommen. Ich hab doch ganz vergessen, zum Frisör zu gehen. Schau Dir nur meine Haare an!"
Oma meinte darauf abweisend: „Du bist doch nicht der Wirt, Du mußt die Herren nicht empfangen!"

Opa Gnacke ergab sich stumm in sein Schicksal. Der alte Mann tat mir leid. Wie er da so zusammengesunken auf seinem Stuhle hockte, kam mir eine Idee!
Zu Hause schnitt ich meinem Jungen immer selbst die Haare. Warum nicht auch einmal Opa Gnacke?
Wie aber sollte ich so schnell an meine Haarschneidemaschine kommen? Als ich mein Angebot Opa Gnacke unterbreitete, strahlte er und sagte: „Ich habe noch eine alte Maschine oben in der Schublade!" Sofort nahm ich Mütze und Tasche, und wir begaben uns nach oben in ein noch leerstehendes Zimmer.

Aber es gab noch ein großes Problem:
Bernhard Gnacke hatte einen Schäferhund, der sehr aggressiv werden konnte, wenn jemand seinem Herrn zu nahe kam. Er gehorchte seinem Herrn zwar aufs Wort, wie ich beobachtet hatte, aber ich traute ihm doch nicht so recht.
Als wir das Zimmer betraten, schoß der Hund lautlos an uns vorbei, bevor ich die Tür schließen konnte.

Grrr

Erschrocken erklärte ich Herrn Gnacke, ich würde ihm die Haare nicht schneiden, solange der Hund im Zimmer sei.

Meine Weigerung hatte keinen Erfolg.

Opa Bernhard hatte das Frisiertuch schon umgelegt, reichte mir die Schneidemaschine, und ich mußte beginnen, während Hasso friedlich, aber äußerst aufmerksam auf dem Fußboden lag,

„Na", dachte ich, „das kann ja heiter werden!"

Schließlich begann ich mutig draufloszuschneiden.

Hasso blieb ruhig, blinzelte aber ununterbrochen mit einem Auge zu seinem Herrn und zu mir herüber. Ich ahnte noch nicht, daß mir ein wahrer Spießrutenlauf bevorstand. Immer wenn ich den Opa mit seiner stumpfen Maschine zwickte, und das war oft der Fall, schrie der Alte laut auf. Im gleichen Augenblick war Hasso hellwach, sprang auf und setzte knurrend und zähnefletschend zum Sprung an.

Kalte Schauer liefen mir den Rücken hinunter, und meine Hand erstarrte. Immer wieder mußte Opa Gnacke seinen Hasso, noch mehr aber mich, beruhigen.

Schweißgebadet verließ ich nach etwa einer halben Stunde das Zimmer.

Opa Bernhard folgte mir und betrachtete sich unten im Spiegel. „Prima", meinte er, „jetzt bin ich wieder fast wie neu. Die Herrschaften können zum Empfang kommen!"

Opa Gnacke war so glücklich, daß er mir zum Lohn ein frisches Pils servierte, dazu einen "Echten Stonsdorfer" und "Belegte Brötchen". Dann packte ich eilig meine Sachen und marschierte los, denn meine Kundschaft wartete.

Von nun an hatte ich bei Opa Gnacke einen "Stein im Brett". Jeden Morgen, wenn ich mit der Post kam, schenkte er mir zur Begrüßung einen "Echten Stonsdorfer" ein, und manchmal noch ein frischgezapftes Bier.

Er besiegelte damit immer aufs neue die Freundschaft zwischen ihm, dem "eitlen Opa", und mir, dem haareschneidenden Briefträger und Retter aus höchster Not!

Felix fährt nach Paris

Aus einer amtlichen Verfügung der Oberpostdirektion Dortmund erfuhren auch wir Postler auf dem Lande, daß mal wieder eine "Postsparbuchwerbung" ins Haus stand. In diesem Rundschreiben waren auch die Sachpreise angegeben, mit denen erfolgreiche Werber am Schluß der Aktion zu rechnen hatten. Hauptpreis für den Sieger war eine Reise nach Paris.

Alle anderen Preise waren Sachgeschenke und richteten sich wertmäßig gestaffelt nach dem Erfolg eines jeden Werbers.

Als die Kampagne losging, entbrannte regelrecht ein heftiger Konkurrenzkampf unter den einzelnen Kollegen des Hauptpostamtes und denen auf den Nebenämtern. Ich selbst warb, was das Zeug hielt. Sogar in meiner Stammkneipe hatte ich stets vorgefertigte Formulare bei mir und konnte manchen stillen Zecher von dem Vorteil eines Postsparbuches überzeugen, selbst, wenn der Betreffende zunächst nur 2 oder 5 Mark locker machen konnte oder wollte.

Sogar die gesamte Verwandschaft und mein großer Bekanntenkreis waren in diesen Werbewochen nicht sicher vor mir.

Innerhalb der Werbezeit kam wöchentlich ein Rundschreiben vom Hauptpostamt mit dem jeweiligen Erfolgsstand der einzelnen Werber.

Schon nach kurzer Zeit stand auch mein Name ganz oben an zweiter Stelle.

Darum galt mein besonderes Augenmerk nur einem rivalisierenden Kollegen des Nebenamtes Nachrodt.

Er hieß "Felix Waltermann"!

Das Nebenamt Nachrodt war ca. 15 km von uns entfernt.

Hatte ich 20 Neuwerbungen, so hatte Felix 30!

War ich auf über 40 gestiegen, hatte er schon über 50 Stück!

Es war aber auch "zum Läuse melken"!

Ein Kampf auf Biegen und Brechen!

Als dann das Ende der Werbewochen kam und nur noch ein paar Tage für diesen Zweck zur Verfügung standen, sah ich im erneuten Rundschreiben, daß mein Erzrivale Felix die stattliche Zahl von 100 überschritten hatte.

Meine Erfolgsquote lag bei etwa 85.

Nun merkte ich doch, daß mir die Zeit davonlief.

Ich gab mich geschlagen und warf im wahrsten Sinne des Wortes das Handtuch. "Das Handtuch werfen" war hier zufällig der richtige Ausdruck.

Ich hatte nämlich erfahren, daß Felix in seinen besten Jahren ein guter Boxer war und es in seiner Klasse sogar bis zum Westdeutschen Meister und Wehrmachtsmeister gebracht hatte.

Weil sich nun das Endergebnis der Werbung nicht mehr wesentlich verändern konnte, entschloß ich mich zusammen mit meinen Kollegen, dem Felix Waltermann als Anerkennung für seinen errungenen ersten Platz ein Glückwunschtelegramm zu schicken.

Ich rief die Kollegin an, die im Hauptamt Altena in der Telegraphie saß, und nach kurzer Unterredung war diese bereit, den Spaß mitzumachen.

Text: Unser Nebenamt mit all seinen Kollegen, aber ganz besonders der auf der Strecke gebliebene "Zweite" dieser Werbung, wünschen dem lieben Felix eine glückliche und erlebnisreiche Parisfahrt!

Nun nahm das Unheil seinen Lauf. Diese erfreuliche Nachricht schlug bei Felix wie ein Blitz ein!

Sofort nach Feierabend stürzte er in seine Stammkneipe, und vor lauter Freude wurden aus einem Bierchen und einem Schnäpschen ganze, ganze viele! Für ihn galt eben dieses Telegramm als sicherer Beweis dafür, daß er – Felix – die Parisreise gewonnen hatte.

Zufällig war ein Reporter einer bekannten Lokalzeitung in der Gaststätte.

Geschickt nutzte dieser die Gelegenheit und verfaßte einen ausführlichen Bericht über Felix, seinen Erfolg in der Werbekampagne und den Gewinn des ersten Preises.

Dick und unübersehbar prangte die Überschrift dieses Artikels im lokalen Teil: "Felix fährt nach Paris"!

Da Zeitunglesen damals wie heute mit zu den Hauptarbeiten aller Chefs zählt, bekam auch unser Boß vom Hauptamt die Zeilen bald zu Gesicht, und mein lieber Felix erhielt sofort die Order, unverzüglich im Amtszimmer des "hohen Herrn" vorzusprechen.

91

Nach späteren Recherchen bei den Innendienstkollegen im näheren Amtszimmerbereich muß es dem Felix in der AV-Stube ergangen sein, wie dem Münchner "Engel Aloisius" im Himmel.

Als der Chef nach kurzer Unterredung den Felix so richtig zusammenstauchen wollte und ihn fragte: „Wie können Sie denn, Herr Waltermann, so eine "Ente" in die Zeitung setzen lassen?" – war er bei Felix aber hörbar an den Falschen geraten.

Keineswegs unterwürfig oder eingeschüchtert konterte der, als stünde er im Ring: „Ja, was bilden Sie sich denn ein? Schließlich habe ich doch gewonnen! – Oder?"

Im gleichen Augenblick zog er das schon stark zerknautschte Telegramm aus seiner Jackentasche und hielt es dem Chef unter die Nase. „Hier, lesen Sie doch!" schrie er außer sich vor Zorn.

Als der Chef nun widerwillig das inzwischen sehr unansehlich gewordene Telegramm gelesen hatte, meinte er, gelassen zu Felix gewandt: „Sagen Sie mal, Herr Waltermann, können Sie überhaupt richtig lesen?

Dieses Telegramm ist doch gar nicht von der Oberpostdirektion und außerdem: Nur der Erste im *gesamten OPD-Bezirk* ist Gewinner der Parisreise!"

In diesem Moment brach für Felix eine Welt zusammen.

Seine schöne Parisreise war nur eine "Fata Morgana" und nicht mehr wert als ein zusammengebrochenes Kartenhaus.

Sichtlich niedergeschlagen verließ er mit gesenktem Haupte das Amtszimmer und trat seine Heimreise an.

Am nächsten Morgen klingelte bei uns schon sehr früh das Telefon, und mein lieber Felix wollte auf der Stelle niemand anderen sprechen als mich!.

Jetzt mußte ich mir ein Donnerwetter anhören, welches an Lautstärke kaum zu überbieten war und nicht enden wollte.

Im stillen war ich heilfroh, daß der ehemalige "Box-Champion" Felix in diesem Augenblick 15 km von mir entfernt war!

Das zweite Frühstück

Da Laufen bekanntlich gesund ist und frische Luft den Appetit anregt, war ich als Landbriefträger immer froh, wenn mir auf meinen recht langen Fußmärschen jemand einen kräftigen Imbiß reichte.

Solch ein freundliches Angebot bekam ich regelmäßig am Vormittag auf dem Bauernhof von Hubert und Agnes Tillmann. Die Tillmanns, ein Ehepaar Mitte Fünfzig, waren beide von hohem Wuchs und kraftvollem Körperbau, wie man es bei Sauerländer Bauersleuten häufig findet. Was die Körperkräfte der Bäuerin anbelangte, so hätte sie mich glatt unter ihrem Arm verhungern lassen können. Ich schätze, daß der Zeiger einer Waage sich bei etwa 300 Pfund eingependelt hätte.

Wenn ich auf meinem Zustellgang so um 9.30 Uhr auf dem Tillmannschen Hof ankam, wurde regelmäßig zu dieser Zeit der Tisch für das zweite Frühstück gedeckt. Agnes und Hubert nannten es, wie alle Bauern im Sauerland, ”Öer”.

Dann mußte ich mich zu ihnen an den Tisch setzen und durfte mitessen: Deftiges Bauernbrot, selbstgekirnte Butter und geräucherter Schinken aus eigener Schlachtung. Bedingung war nur, daß ich rechtzeitig erschien, bevor Brot, Butter, Wurst und Schinken wieder in der Speisekammer verschwanden.

Als ich an jenem Morgen etwas verspätet die Küche betrat, wollte die Bäuerin gerade abräumen, denn Mann, Kinder und Gesinde waren schon wieder draußen auf dem Feld. „Da haben Sie aber Glück gehabt, Herr Martin”, meinte Frau Tillmann, legte ein neues Gedeck auf, bat mich Platz zu nehmen und forderte mich auf zuzugreifen.

Das ließ ich mir nicht zweimal sagen. Ach, was standen da für herrliche Sachen auf dem Tisch: Sauerländer Knochenschinken, Schweinskopfsülze, hausgemachte Blutwurst und frische Milch!

Zu allem Überfluß öffnete die Bäuerin extra für mich noch eine große Dose Leberwurst. Das Herz schlug mir bei diesem Anblick höher, und ich begann zuzulangen.

Während ich von all den Köstlichkeiten genoß, ging mir ein Gedanke nicht aus dem Kopf: „Ob wohl diese großzügige Gastfreundschaft allein auf lauter christlicher Nächstenliebe beruhte?”

Wußte ich doch genau, daß die Tillmanns in zwei kleinen Nachbardörfern, die zu unserem Amtsstellenbereich gehörten, Verwandte hatten.

Über diese Verwandtschaft versuchten Hubert und Agnes immer wieder, die letzten Neuigkeiten aus mir herauszulocken.

Diese neugierige Auskundschafterei während des zweiten Frühstücks war an der Tagesordnung und nahm oft geraume Zeit in Anspruch.

Manchmal wurde mir die viele Fragerei zwar lästig, doch ich schwieg und ließ mir angesichts der immer reich gedeckten Tafel nichts anmerken.

An jenem Morgen waren wir zwei allein, Agnes und ich. Das war für die neugierige Bäuerin die Gelegenheit, mich nach allen Regeln der Kunst auszufragen. Sie ging dabei sehr geschickt vor, machte sich hier und da in der Küche, dann in der Speisekammer oder auf der Deele zu schaffen.

Die Türen ließ sie dabei immer weit offenstehen und entfernte sich nie außer Hörweite.

Zwischendurch stellte sie ununterbrochen Fragen, die ich bereitwillig beantwortete, wenn ich nicht gerade mit vollen Backen kaute.

Weil ich es aber an diesem Tage besonders eilig hatte, stand ich nach der dritten Schnitte auf, nahm Mütze, Stock und Tasche und wollte gerade gehen, als die Bäuerin von der Deele zurückkam.

Sie sah mich abmarschbereit dastehen, schaute mich groß an und rief ganz entrüstet: „Aber Herr Martin, Sie haben ja gar nichts gegessen! Nun setzen Sie sich schleunigst mal wieder hin und essen sich satt!"

Mein Hunger war eigentlich gestillt, doch offensichtlich war die Neugier der Bäuerin Agnes bei weitem noch nicht befriedigt.

Ihr Wunsch klang wie ein Befehl, und ich dachte nur noch: „Der Frauen Wünsche sind der Knechte Werke!"

Ich gehorchte, wie ich es auch meinem lieben Weibe gegenüber gewohnt war, nahm die Dienstmütze ab, stellte Stock und Tasche wieder in die Ecke und legte nun erst richtig los, als hätte ich Hunger wie ein "Heidhäcker" = (Heidekrauthacker)[1].

Die Leberwurst, von der ich vorher schon probiert hatte, schmeckte mir so vorzüglich, daß ich die Dose leeraß und zum Schluß nicht ein Krümel übrig blieb.

[1] Bis vor etwa 100 Jahren hackten die Sauerländer Bauern in ihren Wäldern mit einer schweren breiten Hacke "Heid" als Streu für die Viehställe. Es war eine mühevolle Arbeit, die sehr hungrig machte.

Währenddessen beantwortete ich, manchmal sogar mit vollem Mund, weiter neugierige Fragen.

Am Ende war ich so voll, daß mein Magen mich arg drückte.

Ich bedankte mich mehrmals, und Agnes entließ mich, sichtlich zufrieden, und winkte mir an der Tür noch nach.

Als ich am nächsten Morgen wieder zur gewohnten Zeit in die große Wohnküche trat, saßen zwar alle rund um den Tisch und aßen ihr zweites Frühstück, doch eine Einladung an mich blieb aus.

Auch in den folgenden Wochen änderte sich nichts daran.

Agnes Tillmann fragte zwar dann und wann, ob es was Neues aus den Nachbardörfern zu berichten gäbe, hielt aber stur an dem über mich verhängten "Frühstücks-Embargo" fest.

Die Ursache dafür war mir unerklärlich. Ich ging in mich und überlegte, welchen Fehler ich wohl gemacht haben könnte?

War es vielleicht die Leberwurstdose, die ich an jenem Morgen unverschämterweise völlig geleert hatte?

Aber die Bäuerin Agnes hatte mich doch dazu gedrängt, wenn nicht gar gezwungen! Ich fühlte mich ohne Schuld.

Auf einem der nächsten Botengänge kam mir wie ein Blitz aus heiterem Himmel der großartige Einfall, wie ich wieder zu meinem "Öer" bei Tillmanns kommen könnte.

Ich entschloß mich Agnes gegenüber zu einer "totalen Nachrichtensperre", und die hielt ich vier Wochen lang eisern durch.

Einen Monat Nachrichtensperre, nichts Neues von den Verwandten und Bekannten zu hören, das hielt Agnes Tillmann nicht länger durch.

Sie gab sich geschlagen und beendete den stillen Kampf mit ihrem inneren "Schweinehund" und mir.

Ich freute mich fortan wieder auf das gute Bauernfrühstück, und Agnes bekam dafür den täglich neuen "Tratsch vom Lande" – kostenlos versteht sich!

Seltsamerweise fielen mir schon beim "Schmausen" der ersten Scheibe Schinkenbrot wieder die interessantesten Neuigkeiten aus den Nachbardörfern ein.

Pilzzeit

Pilzzeit war angesagt. An einem sonnigen und feuchtwarmen August-Montag befand ich mich als Postbote auf meinem morgentlichen Zustellgang im schönen Sauerlanddörfchen Evingsen

Beim Passieren einer Neubaustelle hörte ich plötzlich, wie unter dem Wirrwarr vieler dort zu hörender Stimmen laut mein Name zu hören war. Als ich daraufhin in jene Richtung schaute, erkannte ich dort meinen Stammtisch- und Wanderfreund Albert Knoll, welcher mir mit seiner Maurerkelle frohgestimmt vom Gerüst aus zuwinkte. Während eines kurzen Gesprächs meinte Albert unter anderem: „Sag mal, Helmut, warst Du eigentlich schon einmal im Wald wegen Pilze?

Es soll ja schon so viele geben!

Beim gestrigen Sonntagsspaziergang durchs Dorf traf ich Schulten Hubert mit einem Netz voller Pilze – überwiegend Steinpilze. Bei dem herrlichen, warmen Wetter werde ich heute nachmittag auch mal gehen. Ich mache einfach eine Stunde eher Schluß und zische dann sofort los!"

Dieses Vorhaben von Albert weckte urplötzlich auch in mir das bis dahin schlummernde Pilzfieber.

Als ich dann noch mit List und Tücke versuchte herauszubekommen, in welche Gegend er sich wohl an diesem Nachmittag begeben wollte, antwortete er mir nur kurz und äußerst ungenau: „Ich werde mich mal auf der Dahler Giebel umsehen!"

Erschrocken – aber dennoch nach außen sichtlich ruhig bleibend – stellte ich fest, daß auch er wohl meine dort befindlich gute Steinpilzstelle kennen würde.

Dort oben stand nämlich in unmittelbarer Nähe einer alten Scheune ein zimmerhoher Fichtenbestand, in welchem ich schon ein Jahr zuvor reichliche Steinpilzfunde gemacht hatte.

Von nun an überschlugen sich regelrecht meine Gedanken.

Futterneidisch, aber "nur in Pilzangelegenheiten", entschloß ich mich, auch noch am gleichen Nachmittag auf Pilzsuche zu gehen. Da ich an diesem Montag nicht viel Briefpost auszutragen hatte, mußte es möglich sein, schon gegen Mittag fertig zu sein und anschließend sofort loszugehen.

Es klappte wie geplant.

So gegen 1 Uhr Mittag hatte ich schweißgebadet den Waldrand erreicht. Wenn also mein Freund Albert, wie er gesagt hatte, mit seiner Arbeit eine Stunde eher Schluß machen wollte, so konnte er nach meiner Rechnung frühestens erst gegen 15 Uhr in meinem Pilzrevier erscheinen.

Ich hatte also einen beruhigenden Vorsprung von 2 Stunden.

Das mußte gut und gerne reichen.

Außer einem großen Korb, Netz und Messer, hatte ich mir noch ein paar schreibheftgroße, weiße Zettel mitgenommen. So wie ich den Fichtenbestand erreicht hatte, legte ich mich zunächst erst einmal flach auf die Erde, um einen prüfenden Blick zwischen Unterholz und Waldboden zu werfen.

Mich traf fast der Schlag!

Was ich da sah, ließ jedes Pilzsammlerherz erheblich schneller und höher schlagen.

Standen da doch in sämtlichen Größen so viele Steinpilze herum, als wäre ein Heer von Bleisoldaten vor mir.

Zur Vorsicht hatte ich mir schon eine ausrangierte Hose angezogen. So war es für mich problemlos, den niedrigen Fichtenwald kriechend zu durchkämmen.

Bei der Menge von Steinpilzen, welche ich hier fand, war der ganze Spuk in nur einer knappen Stunde vorbei.

Vor Freude über diese gelungene Ausbeute hätte ich am liebsten laut lossingen können.

Aber Gott bewahre: Ein Pilzsucher ist und bleibt immer äußerst ruhig und achtsam im Walde – besonders in seinem Pilzrevier! Diese Spielregeln werden besonders beachtet, wenn es sich – wie in diesem Falle – um 2 erfahrene Pilzfüchse schlesischer Herkunft handelte!

Deshalb beschloß ich an jenem Nachmittag, einen gänzlich anderen Weg – wenn auch weiteren – in Richtung Dorf zurückzugehen. Wollte ich doch um Himmels Willen bloß ja nicht dem voller Zuversicht anrückenden Albert begegnen.

Die darauffolgenden Tage vergingen ohne besondere Ereignisse, und eh ich mich versah, war Sonntag.

Tag des Kirchgangs und des Frühschoppens!

Nach der Messe begab ich mich also in Richtung Stammtisch.

Auch mein Freund Albert saß da schon in fröhlicher Runde und labte sich am köstlich-kühlen Naß.

An reichlichem Gesprächsstoff fehlte es an diesem Morgen nicht in unserer Männerrunde, denn Sport und Politik in den Medien sorgten schon dafür. Nur als zur Mittagszeit ein Gast beim Wirt laut ein Omelett mit Pilzen bestellte, veränderte sich blitzartig bei unserem Albert sein bis dahin fröhlicher Gesichtsausdruck.

"Pilze" – das war das Stichwort!

Sogleich unterbrach er das Stammtischpalaver, welches zu diesem Zeitpunkt gerade das miserable und verlorengegangene Schalkespiel vom Vortag beinhaltete. Albert meinte sogleich sichtlich erregt und auf den Tisch klopfend: „Hört mal alle zu, was mir am letzten Montag passiert ist!" Bis in alle Einzelheiten erzählte er uns nun seine erlebte Pilzstory von der Dahler Giebel, verbunden mit dem anschließend beschämenden Mißerfolg.

Während Alberts Erzählen stand ich mal auf und ging zur Theke, um beim Wirt eine Tischrunde Pils zu bestellen, denn alles hörte gespannt zu, nur ich wäre bald lachend herausgeplatzt.

Als meine Runde kam, prosteten mir alle fröhlich zu, denn so ein Freibier hat ja letzten Endes ein gänzlich anderes Aroma!

Mein spendierfreudiges Verhalten machte nun wiederum Albert ein wenig stutzig.

Wußte er doch zu genau, daß ich als Familienvater und Postbote zu jener Zeit nicht so viel auf der "Juppe" hatte wie Handwerker, Fabrikarbeiter oder gar Maurer, wie er zufällig einer war.

Ziemlich zum Schluß meinte Albert noch unter anderem: „Und stellt Euch bloß einmal vor, nicht nur, daß ich an jenem Nachmittag in meinem Wäldchen eine Menge von Steinpilzen gefunden hätte, ich sah es nämlich an den vielen Schnittstellen, war da doch noch ein weitaus größeres Ärgernis!

Hatte doch dieser "Spitzbube" von Pilzsammler auch noch an mehreren Stellen in dem Fichtenwäldchen an den unteren Ästen weiße Zettel aufgespießt, worauf mit kräftiger Schrift eines Filzstiftes geschrieben stand: Schade, "ich" war schon da!

Wenn ich den "Schlawiner" erwische, der kann was erleben" – fügte Albert noch hinzu.

Jetzt aber hielt es am Stammtisch keinen mehr ruhig auf seinem Platze. Ein schallendes Gelächter – Schadenfreude muß es wohl gewesen sein – platzte aus jedem von uns heraus.

Weil ich mir besonders den Bauch vor Lachen hielt, wirkte mein Verhalten auf Albert äußerst irritierend.

Ging nun etwa bei ihm ein Licht auf? Hatte er sich wohl plötzlich an unser gemeinsames Gespräch vom letzten Montagmorgen an der Baustelle erinnert?

Mein Fehler muß wohl gewesen sein, daß ich von allen Anwesenden am heftigsten und längsten gelacht hatte.

Mit ernster Miene und zusammengekniffenen Augen – wie ein Chinese aussehend – sah mich Albert auf einmal an und meinte zu mir: „Warst Du etwa dieser Lump?"

Durch meinen erneut ausgebrochenen Lachanfall konnte ich ihm nur kopfnickend signalisieren, daß er richtig geraten hatte.

Nun brach erst recht ein derart stürmisches Gelächter aus jedem ”Stammtischler” heraus, daß alle anderen anwesenden Gäste im Schankraum ihr eigenes Wort nicht mehr verstanden.

Selbst der in unmittelbarer Nähe zapfende Wirt – ein sonst eher etwas sturer Vertreter – hielt es nicht mehr länger auf seinem ”Stehplatz” aus, denn er flüchtete laut lachend und mit Tränen in den Augen in die hinter ihm befindliche Küche.

Albert hingegen sprang – krebsrot im Gesicht – von seinem Platz auf und wollte mit mir so richtig loslegen, wenn nicht sogar an meinen Kragen.

Dazu kam es Gott sei Dank aber nicht, denn die anderen Stammtischfreunde zu seiner rechten und linken Seite drückten den ”Wüterich” sofort wieder auf seinen Hosenboden.

Erst als es langsam wieder ruhiger wurde und nur noch hier und da ein Grinsen zu sehen war, ergriff Evers Jupp das Wort. Er meinte: „Wir wollen uns doch sicherlich hier und heute nicht wegen so einer Lappalie groß streiten!

Natürlich war es für Dich, Albert, schon ägerlich und deprimierend, all diese beschrifteten Zettel von dem Schlitzohr Helmut zu lesen, aber letzten Endes gehört ja Dir als Pilzsammler der Wald auch nicht alleine, oder?"

Nach einer kurzen Debatte beschlossen alle ”Stammtischler” – außer mir und Albert natürlich –, daß ich als Wiedergutmachung noch eine Runde Bier zu geben hätte. Mir war diese Verurteilung geradezu ein Vergnügen, denn eine größere Gaudi als diese war sicherlich momentan nicht mehr zu erreichen.

Nun schwenkte auch Alberts Stimmung allmählich wieder ins positive Lager über.

Vor lauter Freude, den Täter so früh und ungewollt auf diese Art und Weise entlarvt zu haben, schmiß Albert in der verbleibenden Zeit an jenem Morgen Runde für Runde.

Noch Jahre danach, ja bis heute – besonders aber in der Herbstzeit – hebt Albert bei einer Begegnung mit mir mahnend seinen Finger in die Höhe und sagt: „Komme mir ja nicht wieder in mein "Pilzgehege", Du Schlawiner!"

Kora – meine kundenfreundliche Begleiterin

Als langjähriger Postbote in ländlicher Umgebung des schönen Sauerlandes gäbe es in bezug auf die Begegnung mit Hunden viel zu berichten bzw. zu schreiben.

Doch als Vorwort zu dieser erlebten Geschichte möchte ich schon zum Thema "Hunde und Briefträger" sagen, was auch sicherlich der leider viel zu früh verstorbene große Humorist Heinz Erhardt gesagt hätte: „So ein Hund ist ja schließlich auch nur ein Mensch!"

Tatsächlich kann man beim längeren Studium mit Hunden feststellen, daß es durchaus Parallelen zwischen Hunden und Menschen gibt.

Meine wichtigsten Erkenntnisse in all den vergangenen Berufsjahren zu dieser Materie sind folgende:

So wie es meiner Meinung nach 4 Sorten von Menschen gibt, so existieren auch 4 Sorten Hunde!

Sorte 1 sind jene, welche von Geburt an bis hin zum Tode sehr umgänglich und gutartig sind.

Sorte 2 sind solche, welche von Geburt an bis hin zum Tode besonders giftig bzw. bösartig reagieren.

Sorte 3 sind jene Hunde, welche zwar von Geburt an treuherzig und gutmütig sind, mit zunehmendem Alter jedoch immer böser werden.

Bei Sorte 4 handelt es sich um solche, welche von klein an besonders aggressiv und böse sind, mit zunehmendem Alter aber immer lieber und gutmütiger werden.

Nun aber zu meiner Freundin Kora.

Kora war eine stramme und wachsame Hausbewacherin der Hunderasse "großer Boxer", welche einem nach ihrem Aussehen zwar in Angst und Schrecken versetzen konnte, uns "Stephansjüngern" jedoch gut gesonnen war.

In diesem bzw. meinem langjährigen Fußbezirk im sauerländischen Dörfchen Evingsen kam es sehr schnell zu dieser, besser gesagt, zu unserer großen Freundschaft.

Bei einigermaßen gutem Wetter lag Kora regelmäßig unangebunden auf der alten Bank vor dem Hauseingang ihres Herrchen "Julius Pape" und beäugelte und begutachtete alles, was es da so zu sehen gab und ihr Hundeleben besonders interessierte.

Daß ich nicht nur in meinem Privatleben überwiegend ein lustiger Mensch war und noch bin, das mußte wohl auch Kora aufgefallen sein, denn nach nur einigen Dialogen war der Funken der gegenseitigen Sympathie übergesprungen.

Lag die friedfertige Hundedame Kora also mal wieder draußen auf der besagten Bank neben ihrem dort ebenfalls verweilenden Herrchen Julius – oder auch allein – und hörte von weitem mein pfeifendes Liedchen, so gingen ihre besonders kurzen Öhrchen in die Höhe, und mit einem kräftigen Sprung sauste sie dann in die vermeintliche Richtung, von wo ich als Briefträger nahte.

So erzählte es mir wenigstens im nachhinein ihr Herrchen Julius.

Papen Julius hingegen war ein schon betagter, alter Sauerländer "besonderer Art", welcher sich überwiegend nur in sauerländischer Mundart mit seinen Mitmenschen unterhielt.

So sagte er auch des öfteren zu mir, wenn ich als Postbote an seinem Anwesen vorbei kam: „Wass'e wier gistern freu met dey ame Gange? As ieck nämleck op de Bank kähik, wass'e all wier futt. Oawer ieck maut seggen, gau es dat Dier gas sierker. As härre se ne Uhe imme Koppe, liuter wann't Middag es, kümmet se pünktlek taum friäten!"

Auf Hochdeutsch: „War sie gestern früh wieder mit Dir unterwegs? Als ich nämlich auf die Bank schaute, war selbige leer und sie verschwunden. Aber ich muß sagen, schlau ist das Tier, denn immer wenn es Mittag ist, erscheint sie pünktlich zum Fressen!"

Daß ich aber die Uhr war und Kora meistens pünktlich nach Hause schickte, damit sie nicht unnötigen Ärger mit ihrem Hausherrn bekam, das hatte ich natürlich meinem Kunden Julius verschwiegen.

Daß Kora im allgemeinen auch gut bei meiner Kundschaft ankam, das beruhigte mich natürlich schon.

Sie gehorchte mir aber auch aufs Wort!

Hatte ich einmal eine etwas längere Unterredung mit einem Kunden, so saß "Kora" neben mir, schaute ebenfalls den Kunden an und drehte dabei ihren Kopf mal nach rechts, mal nach links, als wenn sie sich am Gespräch beteiligen wollte.

Weil Kora aber nicht jeden Tag mein Begleiter war, sondern nur hier und da, fiel diese Unregelmäßikeit sogar einer älteren Frau namens Maria Spanke auf. Als ich nämlich wieder einmal mit Kora unterwegs war und gerade an diesem Tage jener Frau Spanke ihre monatliche Rente auszahlte, meinte diese ganz interessiert: „Sagen Sie mal, Herr Martin, ist das eigentlich Ihr Hund, der da so treu neben Ihnen sitzt?"

Bei dieser Frage schlich sich plötzlich und ungewollt der "Schalk" persönlich in meinen Nacken, denn ich erwiderte ihr spontan und mit sehr ernster Miene: „Nein, Frau Spanke, der gehört der Deutschen Bundespost! Immer, wenn ich mehr als 100,– DM auszahlen muß, bekomme ich diesen zu meinem persönlichen Schutz mit auf meine Tour!"

Zunächst ein wenig verdutzt, dann sich aber doch wieder sichtlich gefangen, meinte Oma Spanke, mich mit großen Augen anschauend: „Das finde ich gut und auch richtig von der Post! Ist das doch wesentlich besser als das Mitschleppen so einer schlimmen Pistole!"

Vielmehr das lange Warten an einer Stelle, als diese Äußerung von Spanken Maria, veranlaßte nun Kora, sich in diesem Moment durch ungeduldiges Bellen bemerkbar zu machen.

Um der ganzen Sache noch etwas Nachdruck zu verleihen, schubste sie mich sogar mit ihrer naßkalten Schnauze an meiner Hand, um ein Zeichen zu setzen, daß es unbedingt weiter gehen sollte.

So zogen noch viele und schöne Jahre mit Kora und mir ins Land, bis der Tag kam, wo Koras Platz auf der grünen Bank vor Papens altem Fachwerkhaus für immer leer blieb. Da erst wurde mir voll bewußt, daß ich nicht nur einen guten Freund verloren hatte, sondern auch einen treuen Kameraden!

Anhang

„Bilder vergangener Tage"

Postamt Altena
Im Zentrum der ehemaligen Kreisstadt befindet sich noch heute das Hauptpostamt.
Dort begann im Jahre 1949 meine Ausbildung als Postjungbote.

Rückansicht des Altenaer Postamtes vom Westufer der Lenne gesehen.
Vor der Mauer am Flußbett verläuft heute die Lenneuferstraße.

Burg Altena
*Mitten im grünen Herzen des Märkischen Sauerlandes überragt die im 12. Jahrhundert auf der "Wulfsegge" erbaute "Burg Altena" die Industriestadt gleichen Namens an der Lenne. Innerhalb der Burgmauern findet der interessierte Besucher nicht nur das Märkische Heimatmuseum, sondern auch das Deutsche Drahtmuseum, das Märkische Schmiedemuseum und ein Wanderermuseum. In den unteren Räumen des ehemaligen "Pallas" (oberer Burghof) richtete der Lehrer Richard Schirrmann 1912 die bis heute unverändert erhaltene **erste Jugendherberge der Welt** ein. (Jugendherbergsmuseum) Im unteren und kleineren Burghof (Alte Batterie) befindet sich eine kleine, stilgerechte, aber gut besuchte Jugendherberge.*

Kreis Altenaer Eisenbahn (KAE) mit Bahnpostwagen
Qualmend, dampfend und unüberhörbar schnaufend und ratternd fuhr die Schmal-
spurbahn der Kreis Altenaer Eisenbahn – auch "Schnurre" oder "Feuriger Elias"
genannt – durch das Rahmedetal und verband von Oktober 1887 bis Dezember 1954
die Städte Altena und Lüdenscheid im Personenverkehr und Stückguttransport mit-
einander.
Der Bahnpostwagen – immer gleich hinter der Lok angekoppelt – war ständig mit
einem Altenaer Postbeamten besetzt.

Straßenbahn Altena-Dahle
Von 1921 bis 1956 war die Straßenbahn einziges öffentliches Personenverkehrsmit-
tel zwischen der ca. 8 km entfernten Stadt Altena an der Lenne und dem landschaft-
lich schönen Bergdörfchen Dahle.
Das Bild entstand unterhalb der heutigen Fa. Möhling u. Co. auf der Altenaer Straße.

Foto des alten "Kaiserlichen Dorfpostamtes" in Evingsen bei Altena Ihmerterstr. 116, in welchem wir Postler noch bis zum Jahre 1957 unseren Dienst verrichteten und der Verladedienst wie zu alten Zeiten – von einer Personenkette gebildet – die Außentreppe hinauf durchs Fenster oder umgekehrt zum Auto hin getätigt wurde.

Dieses Bild aus dem Jahre 1950 zeigt den alten Postwagen der Marke "Granit" vor der Laderampe des Postamtes Altena. Eine kurze Fahrt rückwärts vor die Laderampe brachte mir – dem Postjungboten H.M. ohne Führerschein – eine "dienstliche Ohrfeige" ein. H.M. – Helmut Martin

Ein Landbriefträger auf der Straße unterhalb des Kohlberghauses zwischen Dahle und Neuenrade. Anfang der 50er Jahre gehörten die Straßen noch vorwiegend den Radfahrern und Fußgängern, nur selten begegnete ihnen ein Automobil.

Blick von Dahle ins Tal des Springer Baches
Weiter unterhalb entspringt aus dem Hang der Giebel die größte Quelle West-
deutschlands, die "Springer Quelle". Sie spendet pro Tag bis zu 6000 Kubikmeter
reinstes Trinkwasser.
Das Bild aus dem Jahre 1949 zeigt die noch unbebauten Wiesenflächen der Wald-
bergsley und den Verbindungsweg zum Nachbardorf Dahle hin.

Februar 1952 – Postjungboten auf Burg Bilstein
Zum Abschlußlehrgang am Ende des 3. Lehrjahres fanden sich einige Postjungboten aus dem Bereich der Oberpostdirektion Dortmund auf der Burg Bilstein im südlichen Sauerland ein. Anschließend fand die Prüfung statt.

Dorfpostamt Evingsen 1957/58
Von der Hintertür des neuen Dorfpostamtes aus, an der Springer Straße, schickt der Amtsstellenleiter seine "Untertanen", die Ortszusteller und den Landjäger, auf den weiten Weg durch den Zustellbezirk. In ihrer schmucken Dienstuniform waren sie damals jederzeit zackig und adrett gekleidet.

Moderne Postbeförderung 1954

Das Dahler Dorfpostamt an der Hauptstr. 29 in der Zeit von 1954 bis 1966, als sich Bundespost und die örtliche Spar- und Darlehnskasse (bis zu diesem eben erwähnten Zeitpunkt) noch das gesamte Erdgeschoß dieses Anwesens teilten.

Die Dahler Postamtsstelle in der Zeit ab 1967/68, als die damalige Spar- und Darlehnskasse (heutige Volksbank Altena) in ihren gegenüberliegenden Neubau umgezogen war und die Bundespost allein das gesamte Untergeschoß dieses Hauses nutzte.

Bildnachweis:
Archiv der Gesellschaft für Deutsche Postgeschichte e.V.,
Iserlohn-Oestrich, H. Lechtleitner
Archiv Foto Löffler, Altena
Archiv Willi Sander, Altena
Archiv Herbert Winter, Altena-Evingsen
Archiv Gerh. Schube, Altena-Dahle
Archiv H. Martin, Altena-Evingsen